Der Winter in Deutschland ist eine üble Zeit, man muss im Dunkeln frühstücken, die Autos husten und nördlich des Mains regnet es Bindfäden. In den Bergen dagegen schneit es und die Sonne leuchtet. Deshalb gehören Skifahrer zu den glücklichen Menschen, die selbst in der kältesten Jahreszeit die Fülle des Daseins ausschöpfen – wenn nicht gerade die Pommes-Bude an der Piste müffelt, die Drängler am Lift nerven oder der Schnee Mangelware ist. Christian Weber berichtet über die kleinen Heimsuchungen und die großen Freuden des Skifahrens und darüber, wieso man mit zwei Brettern im Pulverschnee dem Himmel durchaus näher kommt.

Christian Weber schreibt als Wissenschaftsredakteur bei ›Focus‹ über Themen wie aussterbende Sprachen in Sibirien oder die religiösen Probleme von Robotern. Zum Ausgleich fährt er Ski.

Christian Weber

Ski fahren

Kleine Philosophie der Passionen

Deutscher Taschenbuch Verlag

Originalausgabe
November 2002
© Deutscher Taschenbuch Verlag GmbH & Co. KG, München
www.dtv.de
Das Werk ist urheberrechtlich geschützt.
Sämtliche, auch auszugsweise Verwertungen bleiben vorbehalten.
Umschlagkonzept: Balk & Brumshagen
Umschlagbild: © Alfons Holtgreve
Gesamtherstellung: Druckerei C. H. Beck, Nördlingen
Gedruckt auf säurefreiem, chlorfrei gebleichtem Papier
Printed in Germany · ISBN 3-423-20579-2

Inhalt

Warum ich trotzdem Ski fahre

So zum Beispiel gehen die Witze: Ski|fah|ren, Schi|fah|ren, das; -s; *Die Kunst, Geld zu vernichten, während man seltsam gekleidet gegen das Bestreben zweier langer Bretter an den Füßen ankämpft, auf einen eisigen Abgrund hin zu rutschen.* Wieso also Skifahren?

»Weil er da ist«, antwortet der britische Bergsteiger George Mallory bekanntlich auf die Frage, weshalb er unbedingt auf den Mount Everest klettern wolle. Es wäre noch nicht mal die schlechteste Antwort. Den Schnee gibt es nun mal, und wie wollte man ihn bewältigen, wenn nicht auf Skiern?

Skifahrer zerstören die Almwiesen und verscheuchen die Bartgeier, sagen die Naturschützer. Ischgl ist ein lauter Alptraum, sagen die Ästheten. Viel zu teuer das alles, sagen die Sparsamen; viel zu riskant, die Ängstlichen. Erhöht die Krankenkassenbeiträge für Skifahrer, fordern die Gesundheitspolitiker.

Was macht eigentlich am meisten Spaß? fragen die Zyniker: das Warten im Stau, die Drängelei in der Schlange, die miesen Pommes und Spaghetti auf den Skihütten oder die Ballermann-Musik am Lift? Der Schnee verschwindet in den nächsten Jahrzehnten ohnehin, prognostizieren die Klimaforscher. Ich denke mir: erst recht ein Grund, noch mal ausgiebig auf die Piste zu gehen!

Es fällt gar nicht so leicht, einem Nicht-Skifahrer zu erklären, wieso es jedes Jahr Millionen Menschen Winter für Winter immer wieder in die Berge zieht. Es muss ein mächtiges Motiv sein.

Noch in der Generation unserer Großeltern stellte sich nur eine kleine Elite wohlhabender und extravaganter Sportler auf die Skier, Lifte gab es nur in einer Hand voll exklusiver alpiner Orte der Schweiz und Österreichs.

Heute können geschätzte 40 Millionen Skifahrer unter Tausenden von Beförderungsanlagen zwischen den Anden und Alaska wählen. Es gibt Pisten in Südafrika und in Nordindien, in Kasachstan und Chile. In Japan und im Ruhrpott, vor kurzem auch in Shanghai, haben findige Geschäftsleute gut gekühlte Skihallen aufgestellt, wo Menschen unter Flutlicht auf Kunstschnee fahren können. Selbst diese eher fade Simulation des Skifahrens ist angeblich gut besucht. In der Sahara, so berichten Reisende, stürzen sich wagemutige Wüstensöhne auf echten Alpinskiern die Sanddünen hinunter.

Skifahren ist der einzige Sport, der binnen weniger Jahrzehnte ganze Landstriche verändert und – ja doch – auch beschädigt hat. Nur Ignoranten und österreichische Fremdenverkehrs-Funktionäre bestreiten, dass Liftanlagen und Appartementblocks

manche Täler verschandeln, die Skitouristen eine ganze Kulturlandschaft umgemodelt haben.

Ein Verbot des Skifahrens wäre dennoch eine ebenso fruchtlose wie unangemessene Forderung. Aufs Auto verzichtet auch kaum jemand, obwohl Straßen und Autobahnen einen Großteil der deutschen Landschaft zerstört haben – der Wunsch nach Mobilität scheint ein Grundtrieb des Menschen zu sein.

Irgend so etwas muss auch die Skifahrer antreiben. Es muss mit Sonne und Schnee zu tun haben, mit guter Luft und schneller Bewegung. Skifahren ist die lustvollste Weise, Körper und Seele heil durch den Winter zu bringen. Abstrakt ist das alles nur schwer zu fassen, besser, man erzählt Geschichten.

Die beginnen meist in der Kindheit.

Träume vom Fliegen

Ich war klein, die Berge waren Ungeheuer. Unter dem Schnee suchte ich nach Bergkristallen, und wenn ich mit meinen neuen gelben Skiern trotz der Verbote abseits der Piste im Wald fuhr, hoffte ich auf Begegnungen mit Murmeltieren und Bergziegen. Einmal sah ich vom Sessellift aus zwei Schneehühner, die unangeseilt den Berg hochstapften. Das war auch nicht schlecht.

Manchmal blieb ich stehen und warf Schneebälle den Hang hinunter. Ich stellte mir vor, wie sie beim Hinunterrollen größer und größer wurden, um als fürchterliche Lawinenkugel eine Schneise durch die Bergkiefern zu brechen. Dann bekam ich ein schlechtes Gewissen. Arme Murmeltiere.

Nur eine Hand voll Lifte erschlossen damals die Hänge über Bellwald, einem verwinkelten Bergdorf auf einer 1600 Meter hoch gelegenen Terrasse in der Region Goms im Nordosten des Schweizer Kantons Wallis. Mich störte es nicht, dass meine Eltern für unsere ersten Winterurlaube ein so kleines Skigebiet ausgesucht hatten. Meine Fantasie war groß.

Am meisten faszinierte mich eine ferne Pyramide aus Fels und Eis, die am Horizont steil in den Himmel ragte. Später erfuhr ich, dass es sich um das Finsteraarhorn (4274 Meter) handelte, einen richtigen Glet-

10

scherberg. So genannte Bergsteiger, so hörte ich, klettern da hinauf. Da wollte ich auch ein Bergsteiger werden.

Vorsorglich hatte ich schon vor dem Skiurlaub für meine zukünftige Expeditionskarriere trainiert. Mit einem weiß gepunkteten roten Halstuch und Gletscherbrille, aber noch ohne Eispickel kletterte ich regelmäßig auf die alte Hochzeitstruhe (1,25 Meter) in unserem Wohnzimmer und thronte wie Snoopy auf meinem imaginären Gipfel, nachdem ich souverän die problematische Stelle am Vorhängeschloss bewältigt hatte.

In Bellwald kämpfte ich erst mal mit den Liftbügeln. Selbige waren eindeutig nicht für kleine Kinder gemacht, an manchen Stellen hievten sie mich schlichtweg in die Luft. Dann gab es noch bei einer roten Abfahrt die eine vereiste Stelle, dort, wo es besonders steil war. Die war in den Anfangsjahren immer eine Angstpartie.

Und die Winter müssen damals kälter gewesen sein, ich erinnere mich, wie ich manchmal erbärmlich an den Füßen fror. Das lag wahrscheinlich auch an den alten Lederskischuhen, die längst nicht so gut wärmten wie die modernen Plastikstiefel, die mit irgendwelchen High-Tech-Materialien gefüttert sind. Und meistens, so bilde ich mir ein, gab es Schnee, viel Schnee.

An meine allerersten Schwünge auf Skiern erinnere

ich mich gar nicht mehr, das ist zu lange her. Wir wohnten damals in dem Schweizer Dorf Worb bei Bern und mein Bruder Stefan und ich standen schon mit drei Jahren auf Skiern, wie das so üblich ist in Alpenländern.

In Bellwald dann bekamen wir Helme aufgesetzt und fuhren unbekümmert drauf los. Im Alter von fünf und sieben Jahren waren unsere Knochen noch elastisch und die Fallhöhen gering. Wahrscheinlich war es nur gut, dass wir nie einen Skikurs besuchten. Wir fuhren einfach jenen Skifahrern hinterher, die es besonders gut konnten. Bald konnten wir es auch gut.

Wir wurden immer schneller und wagemutiger. Gerade weil das Skigebiet so klein war, kannten wir bald jede Bodendelle und jede Baumwurzel. Aus reinem Übermut fuhren wir manche Hänge ohne Skistöcke hinab, oder nur auf einem Bein oder auch schon mal rückwärts. Wir hatten so etwas im Fernsehen gesehen. Die ultimative Mutprobe war es, mit geschlossenen Augen zu fahren.

Schon lange hielten wir uns nicht mehr an die Pisten: Wir bretterten quer durch den Wald, kürzten Ziehwege ab, fuhren steile Varianten. Besonders frisch gefallenen Pulverschnee liebten wir, weil man dort so schöne Spuren hinterlassen konnte und selbst die Stürze irgendwie lustig waren. Unsere Eltern wussten nie so recht, wo wir gerade unterwegs waren, von Lawinen hatten wir nicht die geringste Ahnung,

doch das Schicksal hatte keine bösen Absichten gegen uns.

Nie wieder in meinem Leben bin ich so ausdauernd und enthusiastisch Ski gefahren. Morgens um neun standen wir am Lift und am Nachmittag versuchten wir, die Letzten zu sein, die an der Talstation ankamen. Selbst das Fahren im Nebel hatte einen gewissen gespenstischen Reiz. Das Mittagessen war eher eine unwillkommene Unterbrechung – schließlich konnte man ja auch einen Schokoladenriegel im Lift essen.

Warum wir wohl so begeistert waren? Erst Jahre später ist mir klar geworden, dass das Skifahren die allererste Sache war, die wir besser konnten als unsere Eltern. Es vermittelte uns das Gefühl von Stärke.

Wir suchten nach neuen Herausforderungen und fanden ein paar geduckte Almhütten, etwas abseits der Piste gelegen. Diese waren so gebaut, dass man bei guter Schneelage von hinten auf die Dächer fahren konnte. Mit etwas Anlauf waren es ideale Sprungschanzen. Besonders lustig war es, wenn unsere Eltern sich auf den Bänken vor der Hütte sonnten und wir plötzlich über ihre Köpfe hinweg sprangen. Selbst dabei brachen wir uns nie ein Bein oder einen Arm.

Noch Jahre später träume ich immer wieder, auch in Sommernächten diesen Traum: Ich stehe hoch am Hang, gehe in die Hocke und fahre dann durch griffigen Schnee auf die Hütte zu, das Dach hinauf, stoße mich ab – und fliege. Ich lande aber nicht, sondern breite meine Arme aus und fliege weiter über die Pisten, über Bellwald hinaus, lasse Hütten, Straßen und Autos unter mir, nutze die Aufwinde aus dem Rhônetal und kurve in einem großen Bogen nach Westen hinüber zur Bettmeralp, über die Furcht erregenden blauen Spalten des Aletschgletschers in Richtung Finsteraarhorn, das ich dann ein paar Mal gemeinsam mit ein paar Bergdohlen umkreise.

Bevor ich mir genauere Gedanken über die Landung machen kann, schrillt meist der Wecker.

Erster Schnee

Der Winter in Deutschland ist eine üble Zeit. Man muss im Dunkeln frühstücken, die Autos husten und nördlich des Mains regnet es in Bindfäden. Lange graue Wochen legen sich schwer aufs Gemüt. Doch irgendwann, manchmal schon Ende November, passiert ein kleines, lautloses Wunder, das ist am schönsten dann, wenn es in der Nacht passiert.

Ich bilde mir ein, dass man es riecht, wenn der erste Schnee des Jahres gefallen ist. Die Luft ist reiner, die Autos sind leiser. Ausnahmsweise höre ich dann auf das Schrillen des Weckers und bemühe mich, noch vor den orangefarbenen Räummaschinen der Münchner Stadtwerke auf der Straße zu sein. Häufig ist es so kalt, dass man mit dem Atem Rauchwölkchen in die Luft pusten kann. Ein dicker, weißer Flaum überzieht den Boden. Und es ist, als könnte man alle seine Schritte noch mal neu setzen.

Ich gehe Brötchen und Croissants holen und freue mich über die Fußspuren, die ich im Schnee hinterlasse. Mit dem Zeigefinger schreibe ich Mondgesichter auf die Windschutzscheiben der Autos oder ein Herz für Andrea.

Manchmal schneit es zu Winterbeginn so viel, dass der Verkehr zusammenbricht. Dann gerate ich in besonders heitere Laune und genieße den launenhaften

Anarchismus der Natur. Ich stelle mir vor, dass es aus großen Wolken weiter schneit und schneit, viele weiße, dicke Flocken, dass die Straßen und Bürgersteige unter einer dicken Schneeschicht verschwinden und alle Autos stecken bleiben. Dann könnte ich die Tourenski anschnallen und zur Arbeit laufen.

Schnellen Schrittes würde ich die liegen gebliebene blau-weiße Straßenbahn Nummer 21 überholen, nach links in die Schleißheimer Straße einbiegen und lässig die Schneewehen an der Ludwigstraße überqueren. Im Englischen Garten würde ich eine kleine Gipfeltour zum Monopteros-Tempelchen machen und einen Blick auf die Hänge von Bogenhausen werfen. Mutig würde ich trotz der Lawinengefahr den Anstieg über die Montgelasstraße hoch zum Arabellapark wagen, wo ich arbeite. Vielleicht würde ich unterwegs ein oder zwei verschüttete BMW-Fahrer ausgraben.

Wenn es Samstag wäre, würde ich vielleicht sogar die Isar flussaufwärts hochstapfen, vorbei an Praterinsel, Müllerschem Volksbad und dem Deutschen Museum bis zum Tierpark Hellabrunn. Dort könnte ich bei den Pinguinen und den Eisbären vorbeischauen, und eine kleine Schneeballschlacht veranstalten. Bei Schneesturm sind sogar die sonst so melancholischen Kaiserpinguine gut gelaunt, weil sie sich an die Eisschollen erinnern und die angenehm kühlen Winterstürme der Antarktis.

Meist fährt die U-Bahn dann doch. Ich steige aus

an der Station Arabellapark und stapfe etwas ent-
täuscht durch das Büroviertel – vielleicht werfe ich
ein oder zwei Schneebälle an die Fenster der Wirt-
schaftsprüfer in den Hochhäusern. Aber kaum bin
ich in meinem Arbeitszimmer, schalte ich den Computer ein, schmeiße die E-Mail an und frage meine
Freunde: »Wann gehen wir Ski fahren?«

Geglückter Tag

Die Kobolde begannen ihr Unwesen bereits auf der Autobahn, es hätte uns eine Warnung sein sollen. Erst hatte die Lüftung versagt, dann war das Wischwasser ausgegangen, die Windschutzscheibe wurde langsam blind und wir mussten an einer Tankstelle anhalten. Es schneite, der Himmel gab sich novembergrau, Matsch spritzte von der Straße. Im Radio berichtete der Nachrichtensprecher vom Arbeitsmarkt und von den Börsenkursen.

Mitten unter der Woche hatte ich meine gute Freundin und bewährte Skigefährtin Beatrice trotz des widrigen Wetters bereits morgens um halb sieben von ihrer Wohnung in Neuhausen abgeholt. Nachdem zwei Tage zuvor der erste Schnee gefallen war, hatten wir uns extra freigenommen. Wir waren des Büros überdrüssig und der Intrigen, sonnenhungrig, schneebedürftig. Außerdem ist Beatrice eine optimistische Frau.

Tatsächlich öffnete sich kurz hinter dem Irschenberg ein blaues Loch am Himmel, warmes Morgenlicht flutete über die sanften, schneebedeckten Hügel des bayerischen Voralpenlandes sowie die Autobahn. »Wir sind Glückskinder, oder etwa nicht?«, meinte Beatrice. Den Parkplatz am Skigebiet Scheffau in Österreich erreichten wir ohne weitere Zwischenfälle.

Nur noch ein paar Nebelfetzen hingen in den Baumwipfeln.

»Verdammt!« Als wir an der Bergstation losfahren wollten, riss Beatrice die Schnalle ihres Skischuhs. Sie borgte sich in der Liftstation etwas Draht, wickelte ihn um die gebrochene Schnalle, schon ging es wieder. Der erste Hang war weich wie Butter. Offenbar war nur die Pistenraupe vor uns über den frisch gefallenen Schnee gefahren und hatte eine perfekt präparierte Unterlage geschaffen.

Wir ließen den Skiern freien Lauf und kurvten fröhlich den Hang hinunter. Der erste Lift zog uns durch einen tief verschneiten Wald, dicker, frischer Schnee beugte die Tannenzweige. »Gleich kommt die Fee!«, meinte Beatrice. Mittlerweile strahlte die Sonne, Schneekristalle funkelten. Beatrice machte selber ein bisschen auf Fee mit ihren langen blonden Haaren und ihren blauen Augen. Nur die kaugummifarbene Skibrille passte nicht so ganz. »Die trage ich schon seit Jahren.«

Der nächste Sessellift blieb auf halber Strecke schlichtweg stehen. Nach zehn Minuten begannen wir uns zu langweilen. Eine Zeit lang beschmissen wir uns mithilfe der Skistöcke mit Schnee, dann sagte Beatrice: »Das war jetzt das. Und was machen wir jetzt?«

Nach 20 Minuten debattierten wir über Zeitungsmeldungen von erfrorenen Sesselbahnfahrern, nach 30 Minuten überlegten wir, ob wir abspringen sollten.

Etwas unsicher schauten wir auf den Boden, der gute fünf Meter unter uns lag; immerhin: keine Felsen.

»Wer springt zuerst?«, fragte ich. »Nach Ihnen«, meinte Beatrice.

Gott sei Dank setzte sich dann der Lift wieder in Bewegung.

Zum Ausgleich suchten wir uns eine besonders lange Abfahrt, fast bis hinunter nach Brixen im Thale. Ich bretterte los, um ein bisschen anzugeben. Beatrice fuhr in eleganten Schwüngen hinter mir her und meinte nur: »Pistenrowdy!« Als wir in den nächsten Sessellift stiegen, blieb ich mit der Skispitze irgendwo hängen, der Ski fiel mir ab. Beatrice verkniff sich ein Lachen. »Wie kommst du da jetzt wieder runter?«

An der Bergstation erklärte ich, dass ich mir durchaus vorstellen könnte, auf einem einzelnen Ski wieder ins Tal zu fahren. Ich hätte so etwas schon als Kind gemacht. Bevor ich den Beweis antreten musste, kam ein weiterer Sessel an, der Fahrer hatte meinen Ski im Arm. »Host wos lign lassn?«

Die nächste Stunde lief alles ziemlich glatt. Nur etwas kalt wurde es und Beatrice haderte mit den Wettergeistern. »Ich bin eine Elfe, mir friert mein Näschen.« Zum Ausgleich fuhren wir Wettrennen über eine Buckelpiste. Es war wie immer: Beatrice fuhr ein bisschen schöner, ich fuhr ein bisschen schneller.

Bis mich das Lesegerät am Lift stoppte. Ich steckte

meinen Skipass mit dem Magnetlesestreifen ein, die Kontrolllampe leuchtete weiter rot. »Macht nichts«, sagte ich, legte mich rücklings auf die Skier und drückte mich auf diese Art einfach unter dem Drehkreuz durch. Ätsch.

Ob die Lesegeräte untereinander kommunizieren? Das nächste Kontrollgerät jedenfalls ließ meine Karte nicht mehr los, es biss sich fest wie ein ausgehungerter, wild gewordener Hund an einem Fleischknochen. Ich zog mit beiden Händen an der Karte, bekam sie jedoch nicht mehr zurück. Die Kontrolllampe blinkte rot, Beatrice lag vor Lachen fast am Boden, ich kam mir etwas blöd vor. Aus der Ferne hörte ich das knarzende Gelächter eines Kobolds. Irgendwann kam der Liftwärter aus seinem Häuschen und empfahl: »Gehn S' doch einfach so durch.«

Wir kamen trotzdem irgendwann wieder unten am Auto an. Auf der Rückfahrt fiel uns in der Nähe von Kufstein eine Wolke auf, die über einem niedrigen Gipfel hing. »Die ist doch viel zu groß für den kleinen Berg«, meinte Beatrice. »Gönn es ihm doch, dem Berg«, antwortete ich.

Wir fanden, dass der Tag geglückt war.

Kurze Geschichte der Birkenbeine

Die Sache mit dem Technologietransfer hatten unsere Vorfahren noch nicht so gut drauf. So ist es wohl zu erklären, dass sich Ötzi, der alte Eismann, ohne Ski auf den Similaun im heutigen Südtirol wagte, und derart ein vorzeitiges Ende im Schnalstaler Gletscher fand. Es wäre nicht nötig gewesen.

Denn bereits in dieser prähistorischen Zeit, also vor mindestens 5000 Jahren, vermuten die Sporthistoriker, schnallten sich Nomaden im sibirischen Altai-Gebirge nahe der heutigen Grenze zur Mongolei erstmals Bretter unter die Füße. Unklar ist, ob sie diese Ur-Skier anfangs nutzten, um besser durch den Schnee zu kommen, oder ob sie verhindern wollten, in den modrigen Boden einzusinken, während sie Moorhühner jagten. Demnach wären die ersten Skier eigentlich Sumpfschuhe gewesen.

Schon bei der großen Wanderung der asiatischen Völker über die Beringstraße nach Nordamerika müssen ein paar Skiläufer nach Skandinavien abgezweigt sein. In Schweden wurde in einem Moor der bislang älteste, der »Ski von Hoting« gefunden – ein 110 Zentimeter langer und 10 Zentimeter breiter Holzski, der mit Steinwerkzeugen gefertigt worden war. Pollenanalysen deuten auf ein Alter von 4500 Jahren.

Die früheste bekannte Abbildung eines Skiläufers

fanden Archäologen 1929 beim Torfabbau auf der Insel Rødøy im Norden Norwegens: Ein steinzeitlicher Künstler hat dort in einen Felsen das Bild eines dünnen Menschen gehämmert, der auf zwei Brettern von zwei- bis dreifacher Körperlänge steht und eine Art Kajakpaddel in der Hand hält. Das war wohl eine Art Anfangsmissverständnis.

Anders als etwa Inline-Skater oder Formel-1-Sportwagen waren Ski die längste Zeit ihrer Geschichte ernsthafte, überlebenswichtige Fortbewegungsmittel, bevor sie ihre Karriere als Sportgerät starteten. Nur so ist es zu verstehen, dass bereits die uralte isländische Sagensammlung der ›Edda‹ von »Skadi« berichtet, der düsteren Göttin der Skifahrer und Jäger, die leuchtende Spuren im Schnee hinterließ. Können Sie sich einen Gott der Inline-Skater vorstellen?

Die Legende von den »Birkebeinern«, eine Geschichte um Leben und Tod, machte das Skifahren in Norwegen dann so richtig populär. Die Birkebeiner waren Krieger, die ihren Namen aufgrund ihres Schuhwerks bekamen: Birkenwurzeln, über die Tierhaut gespannt war, also eigentlich eher eine Art Schneeschuh. Im Jahre 1296, es herrschte Bürgerkrieg, retteten zwei Birkebeiner den zweijährigen Königssohn Haakon Haakonsson vor den »Baglern«, Angehörigen einer niederträchtigen kirchlichen Partei. Dank der Proto-Skier an ihren Füßen gelang den Birkebeinern die Flucht über das Gebirge von Lillehammer ins Tal Osterdalen. Zur Erinnerung an diese Flucht veranstalten die Norweger noch heute jedes Jahr den 55 Kilometer langen Birkebeinerlauf nach Rena in Osterdalen. Und Lillehammer wurde 1994 Austragungsort der Olympischen Winterspiele.

Eigentlich komisch, dass trotz dieser Jahrtausende währenden Tradition erst gegen Ende des 19. Jahrhunderts die Idee aufkam, dass aus dem Ski laufen ein wirkliches: Ski *fahren* werden könnte. Der Bauer Sondre Norheim aus der norwegischen Provinz Telemark erdachte die erste starre Bindung, wo bislang Riemen den Fuß mehr schlecht als recht festgezurrt hatten. Außerdem entwickelte er den ersten taillierten Ski, mit dem sich mit Geschick auch mal eine Kurve am Hang fahren ließ. Erstmals konnte man Skier präzise steuern und bremsen.

Die Norweger nahmen diese Telemark-Ski enthusiastisch auf, betrachteten sie eben nicht nur als Sportgerät. »Skifahren machte nicht nur Spaß, es war patriotisch«, schreibt der Sporthistoriker Morten Lund. Das Skifahren wurde der Sport der norwegischen Befreiungsbewegung, mit ihrem überlegenen Können distanzierten sich die Einwohner von der ungeliebten Union mit Schweden. Als dann Fridtjof Nansen 1888 als erster Mensch Grönland auf Skiern durchquerte, wurde das Skifahren endgültig der Nationalsport der Norweger.

Gerade deshalb zögern die Nordländer bis heute,

das Skifahren gleichermaßen zu kommerzialisieren, wie es etwa die Österreicher und die Schweizer seit langem tun. Norweger betrachteten Skifahren als eine Sache der Seele. Nur wenige mitteleuropäische alpine Skilehrer sahen das genauso. Berühmt unter Skihistorikern ist der Ausspruch des deutschen Skilehrers Otto Schiebinger, der während der Nazidiktatur in die USA emigriert war: »Scheeing iss not a schport, it iss a vay of life.«

Vielleicht wäre das Skifahren bis heute der verschrobene Sport der Norweger geblieben, so etwas wie Cricket bei den Engländern, hätte es nicht den pensionierten Maler Matthias Zdarsky aus dem österreichischen Ort Lilienfeld gegeben. Der ärgerte sich sehr über den vielen Schnee jeden Winter und hatte außerdem Nansens epochalen Expeditionsbericht ›Auf Schneeschuhen durch Grönland‹ gelesen. Er orderte daraufhin ein Paar norwegische Skier, die – wie damals üblich – 2,94 Meter lang waren, kürzte sie auf drehfreudige 1,80 Meter und schraubte eine neuartige Bindung aufs Holz: Sie revolutionierte den alpinen Skilauf.

Diese »Lilienfelder Skibindung« war die erste wirklich stabile Bindung, mit der man den Ski durch seitlichen Druck lenken konnte, eine Blechplatte hielt die Ferse. Sie domestizierte endgültig den Ski und machte derart das alpine Skifahren an steilen Hängen erst möglich.

Es war eine kleine Erfindung, aber sie beeinflusste den Skisport dramatisch. Mit Telemark-Skiern können auch heute nur wirkliche Könner steile Hänge fahren. Der ebenso elegante wie komplizierte Umsteigeschwung erfordert einiges an Geschick und Übung. Die Lilienfeld-Bindung ermöglichte dagegen erstmals den Stemm- oder Schneepflug, den ebenfalls Zdarsky erfunden hatte. Das ist jener von den Idiotenhügeln bekannte Stil, mit dem selbst untalentierte Städter den Hang hinunterkommen. Hundert Jahre später sollten 40 Millionen Skifahrer die Berge der Welt bevölkern.

Varianten von Schnee

Was die Wörter angeht, können Skifahrer allemal mit den Eskimos mithalten. Dass diese hundert verschiedene Namen für den Schnee hätten, ist nämlich ein ebenso schönes wie falsches Wissenschaftsmärchen, das vermutlich auf den deutschen Anthropologen Franz Boas zurückgeht. Der hatte 1911 berichtet, dass die Eskimos vier Wortstämme für Schnee besäßen. Bei Boas studierte der Linguist Edward Sapir, der wiederum Benjamin Lee Whorf unterrichtete. Dieser später berühmte Sprachphilosoph berichtete in seinem Hauptwerk ›Sprache – Denken – Wirklichkeit‹ von sieben Eskimo-Schneewörtern. So nahm das Märchen seinen Lauf. Heute kann man gelegentlich die Behauptung hören, die Eskimos würden 400 Arten von Schnee unterscheiden.

Tatsächlich existieren in den Eskimosprachen gerade mal zehn Wortstämme für Schnee, *quanik* etwa bedeutet »liegender Schnee«, *apunt* heißt »fallender Schnee«. Über die genaue Zahl streiten die Linguisten. Das Problem liegt darin, dass Eskimos keine herkömmlichen Sätze bauen, sondern die einzelnen Wörter zu endlosen, äußerst komplexen Bandwurmwörtern zusammenkonstruieren.

Diese relative Bescheidenheit im sprachlichen Umgang mit dem vermeintlich wichtigsten Element verwundert nur auf den ersten Blick: Da Eskimos nur selten Ski fahren, schon gar nicht Abfahrt, ist für sie die Beschaffenheit des Schnees nur begrenzt wichtig. Mit Schneeschuhen läuft es sich auf jeder Art von Untergrund recht ähnlich. Und mittlerweile rasen sie ohnehin lieber mit Motorschlitten übers Eis und erschrecken die Eisbären mit Geknatter und dem Geruch von Benzin.

Denn eigentlich hatten Sapir und Whorf schon Recht mit ihrer These, wonach die Grenzen unserer Sprache die Grenzen unseres Denkens bestimmen. Die amerikanischen Hopi-Indianer hatten unter anderem deshalb ein Problem mit der modernen Welt, weil sie für Insekten und Flugzeuge dasselbe Wort verwendeten. Hamburger und Niederländer haben Probleme mit dem Skifahren, weil sie nur ein Wort für Schnee kennen.

Tatsächlich ahnen selbst Pistenfahrer ziemlich bald, dass die Varianten des Schnees darüber entscheiden, ob man mit Eleganz und ohne Sturz den Hang hinunterkommt. Vor allem aus der warmen Spätsaison kennt fast jeder den weichen Sulz, den Knochenbrecherschnee, der sich den Ski packt und ihn festhält, selbst wenn man weiterfahren möchte. Oder die eisige Piste am Morgen, wenn der Nachtfrost den Sulz betoniert hat, die Ski auf dem Eis vergebens nach Halt suchen und man wider Willen schneller und schneller wird.

Aber normalerweise sorgen die Pistenbullys recht-
zeitig für einigermaßen gezähmten Schnee, so dass
fast jeder eine leidliche Figur macht.

Wie verschiedenartig der Schnee tatsächlich sein
kann, erfährt erst, wer die gesicherten Pisten ver-
lässt und sich ins freie Gelände wagt. Er wird etwas
Ähnliches erleben wie ein Schwimmer, der das erste
Mal im Meer schwimmt statt im Hallenbad: Er wird
nicht so ruhig seine Bahnen ziehen können wie im
Bad, aber dafür wird er gegen die Wellen und die
Strömungen kämpfen, die Schaumkronen auf der
Haut spüren, das Salz schmecken, vielleicht Fische
und Muscheln sehen. Ebenso erfährt man beim Variantenfahren im freien Gelände oder mehr noch auf
Skitouren, dass der Schnee kein Sportgerät ist, son-
dern ein Element.

Ein Skifahrer kann beim Schnee ähnliche Verände-
rungen erleben wie ein Segler beim Wasser oder ein
Segelflieger mit Luft und Wind. Der Schnee wandelt
sich manchmal fast ebenso schnell wie diese flüchtigen
Elemente. Ihn zu beherrschen, ist eine der großen
Herausforderungen beim Tourenski.

Im Spätwinter startet man häufig nach frostiger
Nacht auf hartem Schnee oder gar Eis, nur die
Harscheisen verhindern, dass man seitlich abrutscht.
Auf dem Gipfel sitzt man dann erst mal und wartet
das Wetter ab. Wenn man Glück hat, bricht die Sonne
durch, erwärmt die oberste Schneeschicht und macht

aus ihm weichen Firn, der sich wie Butter befahren lässt.

Unangenehm wird es, wenn plötzliche Kälte oder Eisregen einen eigentlich weichen Schnee zu so genanntem Bruchharsch gefriert. Eine dünne Eisschicht überzieht dann den Schnee, die aber so schwach ist, dass die Skier einbrechen. Es ist, als würde man auf starren Schienen fahren, wobei man selber das Ziel nicht mehr bestimmen darf. Es lässt sich dann keine einzige Kurve mehr drehen. Wer den Berg hinunter will, muss entweder in mühseligen Spitzkehren hinunterfahren, oder er muss für jede Wende mitsamt den Skiern hochspringen und in der Luft drehen – ein Kraftakt, den nur durchtrainierte Athleten über größere Höhenunterschiede hinweg bewältigen.

Es ist wie im richtigen Leben: Ganz selten nur stimmt alles. Perfekt ist es am ehesten im Hochwinter und in hohen, kalten Lagen, wo ein trockener Schnee liegt und die Luft nie wirklich warm wird. Hier liegen die Schneekristalle noch locker und luftig als Pulverschnee. Selbst steilste Hänge lassen sich dann in entspannter Mittellage leicht angehen. Wie auf zwei leise rauschenden Luftkissen schwebt man zum Tal hinunter, und man fühlt sich fast so, als würde man fliegen. Doch davon später mehr.

Im Bretterwald

Ich gehöre nicht zu den Leuten, die sich im China-
restaurant Messer und Gabel bestellen, Stützräder
am Fahrrad finde ich ab einem gewissen Alter eher
albern – wieso also sollte ich mir Carving-Skier kaufen? Ich kann Ski fahren.

»Wie auf Schienen kurven S' da«, erklärte mir ein
Verkäufer in dem bekannten Sportgeschäft in der
Münchner Fußgängerzone, als die damals noch neuen
Carving-Skier erstmals in den Verkaufsräumen stan-
den.

Er hatte mit seinem Argument den Falschen erwischt. Wollte ich im Schnee Eisenbahn fahren? He-
rablassend erklärte ich, dass ich »richtige Skier« haben wolle, ja, die für fortgeschrittene und schnelle
Fahrer. Stolz schulterte ich meine neuen Flitzer –
knallig, gelb, spitz, schnell. Doch insgeheim ahnte
ich, dass der Prozess zunehmender gesellschaftlicher
Differenzierung auch die Skiproduktion ergriffen
hatte.

Carving-Skier waren die erste Unverschämtheit.
Früher dauerte es Jahre, bis ein Anfänger es von den
ersten Schwüngen auf dem Idiotenhügel zum Könner
schaffte. Die ersten paar Jahre verbrachte er normalerweise damit, im Schneepflug langsam den Hang
hinunterzurutschen. Nach und nach lernte er dann,

die Skier zusammen und parallel zu halten, dennoch um die Kurve zu kommen. Als Krönung einer Skifahrer-Karriere galt damals der so genannte Parallelschwung: Nach Jahren harten Trainings gelang es guten Skifahrern, in möglichst engen Kurven selbst steilste Hänge elegant hinunterzuwedeln. Generationen von Skilehrern lebten davon, dass sie ihre Schüler über viele Saisons diesem Ziel näher brachten.

Der Carving-Ski hat diese klassische Skifahrer-Karriere durcheinander gewirbelt. Durchschnittlich sportliche Fahrer kommen angeblich bereits nach einem Tag Eingewöhnung einigermaßen zurecht mit den deutlich kürzeren und taillierten Carvern.

Man stellt sich einfach hüftbreit auf die Skier, fährt los und neigt sich leicht nach rechts oder links. Die »kurveninneren« Kanten greifen in den Schnee und leiten Ski und Fahrer nahezu automatisch auf eine Kurve, eben so, als lägen unsichtbare Schienen im Schnee. Den Radius haben die Ingenieure im Skiwerk voreingestellt. Je nach Taillierung liegt er so zwischen zehn und 20 Metern. Das ist der Grund, wieso Carver in Riesenkurven die Pisten hinunterfahren und allen anderen den Weg versperren.

Mittlerweile sind die klassischen Skier in Sportgeschäften kaum noch erhältlich. Und mit dem Siegeszug der Carver wandelte sich auch die Ideologie des Amateur-Skisports. Durchaus zum Verdruss der Skilehrer entschlossen sich zahlreiche Skifahrer, dass sie

lediglich bequem und genussvoll den Hang hinunter-
kurven wollten und eigentlich nicht einsähen, wieso
sie ihre freien Tage verwenden sollten, um mühsam
anspruchsvolle Parallelschwung-Techniken zu erlernen. Immerhin, dachte ich, das zumindest ist eine
sympathisch-egalitäre Wendung skisportlicher Ideologie: Skifahren nur noch zum Vergnügen, ohne jeden
Dünkel.

Als ich im bayerischen Garmisch-Partenkirchen
den ersten pechschwarz lackierten Ski mit der Auf-
schrift »Porsche« sah, wurde mir klar, dass das
menschliche Bedürfnis nach Status eine stärkere
Kraft ist. Ich forschte nach und fand heraus, dass
tatsächlich ein niederbayerischer Skibauer seinen
besten Slalom-Carver unter diesem Namen als Sonder-
serie auflegen ließ und zu einem Preis verkaufte, der
verhindert, dass man allzu häufig Fahrern mit den
gleichen Edelbrettern unter den Füßen begegnet.

Es irrte also, wer glaubte, dass »der Carver« der
neue Standardski werden würde. Binnen weniger
Jahre hat sich das Angebot der Skier ähnlich aufge-
fächert wie bei den Turnschuhen. Wer heute einen Ski
kaufen will, muss viele Fragen beantworten können:
»Wie große Kurven fahren Sie denn?« Und sich dann
entscheiden, ob er einen gaggigen Fun-, einen All-
round- oder einen leistungsorientierten Race-Carver
erwerben will. Computersteuerungen gibt es noch
nicht, wohl aber Tachometer und bei einigen Spitzen-

modellen rot blinkende Dämpfungselemente, die die Bewegungen des Skis in elektrische Energie umwandeln. Vor kurzem hat sogar der Ingenieur Victor Petrenko vom Eisforschungslabor des amerikanischen Dartmouth-Colleges ein ausgefuchstes System entwickelt, um Skier und Snowboards bei zu großer Geschwindigkeit mithilfe einer Elektronik automatisch zu bremsen.

Das Problem mit dem Skikauf wird auch nicht einfacher dadurch, dass in typischer nostalgischer Gegenbewegung plötzlich wieder Telemark-Fahrer samt der passenden Knickerbocker-Kleidung auf den Pisten auftauchen. Wer auf Nummer sicher gehen will, sollte dann lieber gleich auf Schneeschuhe umsteigen, die in den letzten Jahren ebenfalls wieder sehr populär geworden sind.

Es nervt. Nachdem mittlerweile auch das Telefonieren und der Bezug von Elektrizität eine komplizierte Angelegenheit geworden sind, passiert das Gleiche nun bei den Skiern. Früher musste man sich lediglich überlegen, ob die Skier zehn Zentimeter länger oder kürzer sein sollten als die eigene Körpergröße. Heute muss man sich für eine Weltanschauung entscheiden.

PS: Im letzten Herbst wollte ich mit Beatrice nur einen trinken gehen, als sie mich fragte, ob ich ihre neuen Skier sehen wolle? »Zeig mal!« Sie ging zur Garderobe, schob den Besen zur Seite und holte ein Paar nagelneue, orangefarbene Race-Carver hervor,

liebevoll fuhr sie über die scharfgeschliffenen Kanten. »Die hat mir meine Schwester empfohlen.« Die muss es wissen, denn Beatricens Schwester war mal eine richtige Rennläuferin.

»Und?«, fragte ich.

»Klasse.«

»Kannst du sie mir mal ausleihen?«

Eine Frage der Skihose

Bei der Auswahl der Oberbekleidung ist der mitteleuropäische Alpinsportler noch am ehesten magi-
schem Denken verhaftet. Leider fehlt es an Beiträgen
der Wissenschaft. Afrikanische Ethnologen würden
vielleicht Folgendes berichten: »Die so genannten Skifahrer tragen grell leuchtende Anzüge – häufig lila,
rot, violett – vermutlich, um die Berggötter zu feiern
und zu verehren. Der Kult ist so wichtig, dass selbst
hohe Ausgaben nicht gescheut werden. Die Schikki-
mikki (ein Stamm aus München) geben sogar bis zu
einem halben durchschnittlichen Monatsgehalt für
ein Skikostüm aus – das manchmal nur einen Winter
lang getragen wird. Eine besondere zeremonielle Rolle scheinen schwarze Brillen zu spielen: Angeblich
sollen sie die Augen vor der Sonne schützen. Unsere
Feldstudien in schwer zugänglichen Musikkellern haben allerdings ergeben, dass sie die Schwarzbrillen
auch mitten in der Nacht tragen und manchmal ins
Haar stecken. Hier besteht noch Forschungsbedarf.«
Das ist natürlich alles Unsinn. Richtig ist hingegen,
dass viele Skifahrer zu hoffen scheinen, dass die Klei-
dung auf mysteriöse Weise das Können befördert,
oder dass sie vom mangelnden Können ablenkt, was
aber häufig danebengeht: Es wirkt eher albern, wenn
jemand die ersten Versuche am Idiotenhügel macht,

gekleidet wie ein Mitglied der Ski-Nationalmann-
schaft. Aber vielleicht wollen einige auch nur zeigen,
dass sie genügend Geld im Portemonnaie haben. Das
geht allerdings noch besser, wenn man beim Après-Ski
im Pelzmantel auftaucht.

Es ist gar nicht einfach, die Kleiderfrage auf der
Piste unbeantwortet zu lassen. Modische Ignoranz ist
ja auch ein Statement. Es war keine reine Bescheidenheit, dass mein Bruder und ich jahrelang nur in Jeans
und alten Trekkingjacken gefahren sind. Wir fanden
es besonders cool, modisches Understatement zu betreiben, um dann besonders arrogant die Hänge hinunterzuwedeln. Allerdings trieben wir es nie so weit
wie die Schnee-Ökos der frühen 80er Jahre, die mit
Bundeswehrhosen und grünen Parkas auf die Piste
gingen, dazu ein Palästinensertuch um den Hals
schlangen.

Mit den Jeans habe ich irgendwann aufgehört,
denn die haben wirkliche Nachteile im Schnee. Einmal gestürzt, bleiben sie ewig nass oder – schlimmer
noch – frieren stocksteif. Stattdessen fahre ich jetzt
meist mit meiner roten Gore-Tex-Expeditionsjacke,
die ich auch für meine Skitouren benutze, darunter
die Windblocker-Fleecejacke, und den blauen Hoch-
tourenhosen. Meine Skibrille ist UV-sicher noch auf
5000 Metern, meine doppelten Handschuhe sind
sturmgeprüft, aus den Skistöcken kann ich eine Lawi-
nensonde zusammenschrauben. Damit bin ich auf der

Piste überausgerüstet wie ein Geländewagenfahrer auf der Münchner Leopoldstraße. Was soll's? Mir ist warm.

Wenigstens mache ich so den Verkäufern in den Sporthäusern einen Strich durch die Rechnung, die so tun, als bräuchte man für jede Variante des Wintersports eine neue Ausrüstung von der Socke bis zur Mütze – und das möglichst noch im jährlichen Wechsel. Mir geht nicht so recht in den Kopf, wieso man zum Snowboarden andere Handschuhe anziehen sollte als zum Skifahren.

Bei all dem Ausrüstungswahn sollte man nur einen Kauf richtig ernst nehmen: den der Skischuhe. Es stimmt leider, dass man ohne diese Folterinstrumente an den Füßen nicht Ski fahren kann. Der allmorgendliche Kampf beim Anziehen der Kloben gehört deshalb zu den unerfreulichsten Momenten eines Winterurlaubs. Da sollten sie wenigstens passen.

Immerhin sind Skischuhe heute warm. Wahrscheinlich liegt das an irgendwelchen neuartigen High-Tech-Dämmungsmaterialien, von Astronauten getestet, in der Arktis bewährt. Das ist ein wirklicher Fortschritt. Ich erinnere mich, dass mir als Kind häufig fast die Zehen abgefroren sind. Mit viel Ausprobieren findet man meist irgendwann auch ein gut sitzendes Paar. Das eigentliche Problem ist immer noch das Hinein- und Hinauskommen. Mühsam muss man den dick bestrumpften Fuß strecken und in den Schuh zwän-

gen, dann mit viel Kraft vier oder fünf Schnallen
schließen. Im Geschäft geht das oft noch ganz gut, vor
Ort ist meist alles eingefroren und man humpelt fluchend auf einem Bein, während man versucht, den
Schuh auszuziehen.

Nur wenige Jahre lang gab es die so genannten
Heckeinsteiger, Schuhe, deren hinterer Teil sich einfach wegklappen ließ, so dass man bequem einsteigen
konnte. Der Schuh ließ sich mit einer einzigen Schnalle schließen. Das war zwar nicht sonderlich heroisch,
aber alle Besitzer eines solchen Schuhs waren zufrie-
den.

Als Andrea letzten Herbst einen Skischuh kaufen
wollte, sagte sie dem Verkäufer: »Ich hätte gerne einen Heckeinsteiger!«

»Die gibt's schon seit acht Jahren nicht mehr.«

»Ich hab dies Jahr noch einen getragen.«

Der Verkäufer erbleichte, begann dann aber die
Vorzüge der modernen Skischuhtechnik zu preisen.

»Wissen Sie, wie lange ich meinen Skianzug schon
hab?«, fuhr ihm Andrea über den Mund.

»Nein.«

»Siebzehn Jahre!«

Der Verkäufer fiel in Ohnmacht.

Notgedrungen entschloss sich Andrea, ein weiteres
Jahr mit ihrer alten Ausrüstung zu fahren. Mich stört
das nicht. Ich mag ihren Skianzug eigentlich, wahrscheinlich weil Andrea in ihm so gut Ski fährt.

Versuch über das Absurde

Wir müssen uns die Wartenden am Lift als glückliche Menschen vorstellen, hätte der französische Schriftsteller und Philosoph Albert Camus formulieren können. Zumal die Schlangensteher es doch deutlich besser haben als der mythologische Sisyphos: Anders als der Sagenheld müssen sie keinen Stein den Berg hinaufrollen, ja sie lassen sich sogar durch Motorenkraft hochziehen.

Doch auch sie landen Minuten später wieder unten in einer Warteschlange, Stunde für Stunde, Tag für Tag – manchmal einen ganzen Winter lang. An einem betriebsamen Skiwochenende verbringt man mehr Zeit beim Anstehen als beim Abfahren. Es ist fast so wie früher im Osten: Wenn man irgendwo eine Schlange sieht, stellt man sich an. An ihrem Ende muss es etwas Begehrenswertes geben – hundert Wartende können nicht irren.

Ich glaube dennoch nicht, dass Camus jemals Ski gefahren ist. Warten ist einfach nur öde.

Wenn es denn Schlangen wären! Es sind Menschentrauben, die durch die Öse der Kartenkontrolle wollen. Sie schieben, drängeln, schimpfen, fahren sich gegenseitig über die Ski, rempeln sich an und pflegen Umgangsformen, die normalerweise als ungehörig gelten würden. Häufig richten sich die Aggressionen gegen Angehörige anderer Nationen. Kurz zusammengefasst: Italiener kommen immer nur in Gruppen und machen Krach, Niederländer sind ungelenk und rüpelhaft, Franzosen arrogant und Deutsche stehen immer schon vor den anderen am Lift, das ist wie mit den Badetüchern am Pool.

Auch die zunehmende Einführung von Computerchips auf den Skipässen, die an den Kontrollstationen per Funk abgefragt werden, macht die Schlangen nicht wirklich kürzer. Neu ist nur der Anblick von Wartenden, die sich an den Funksäulen reiben wie ein Elch am Tannenbaum, auf dass endlich das Freigabesignal hinüberspringe.

Immer wieder ist das Gerücht zu hören, Warteschlangen eigneten sich zum Anbandeln. Ich mag das nicht recht glauben. Man kann nicht gleichzeitig geistreich flirten und dafür sorgen, dass man in der Schlange vorankommt. Denn erfolgreiches Anstehen verlangt Konzentration und Präzision: Zum einen muss man jeden Zwischenraum sofort nutzen, der sich vor einem eröffnet, zum anderen muss man verhindern, dass Mitwartende an einem vorbeidrängeln. Das macht man am besten, indem man seinen Skistock möglichst zufällig vor deren Skispitze in den Boden rammt.

Erschwerend kommen manchmal Notsituationen hinzu, etwa wenn plötzlich Ballermann-Musik aus dem Lautsprecher dröhnt. Spätestens dann helfen nur noch wartezeitverkürzende Maßnahmen. Ganz Dreiste fahren einfach an den Wartenden vorbei und tun so, als gehörten sie zum Pistenpersonal. Auch kleine Kinder können sich das gelegentlich erlauben; sie flutschen einfach so durch. Notfalls fangen sie an zu heulen.

Experimentalphysiker beobachten das Strömungsverhalten der Wartetraube. Sie werden feststellen, dass an ihren äußeren Rändern ein deutlich schnelleres Durchkommen ist als in der Mitte. Wildbiologen erinnern sich an ihr letztes Praktikum im Busch und die Bedeutung der Tageszeiten für den Wildwechsel: Sie fahren von Betriebsbeginn bis etwa 10.30 Uhr, dann in der Mittagspause und vielleicht nochmal am späten Nachmittag, wenn die Wartezeiten am kürzesten sind.

Keine Taktik hilft mehr bei einem technischen Versagen, wenn der Lift ganz stehen bleibt, was zum Glück nur selten passiert. Die Schlange wird länger und länger, und wenn man Pech hat, kann man noch nicht einmal zu einem tiefer gelegenen Lift abfahren.

Dann gibt es nur eins: Die Ski schultern, den Hang hochstapfen und an Albert Camus denken: »Der Kampf gegen Gipfel vermag ein Menschenherz auszufüllen.«

Verblasste Mythen: der Skilehrer

Als Kind haben mich die Anoraks der offiziellen Schweizer Skilehrer sehr beeindruckt; sie waren rot und von einem weißen Streifen durchzogen. Die Skilehrer erschienen mir als Vertreter einer unverbrüchlichen Schweizer Ordnung, an die ich in diesem Alter noch glaubte. Zu dieser Ordnung gehörten außerdem: Toblerone-Schokolade, braun-weiß gefleckte Kühe und der Aletschgletscher. Außerdem wedelten die Skilehrer perfekt die Pisten hinunter. Ich war neidisch.

Mittlerweile schmelzen die Gletscher und die rot-weißen Skilehrerjacken scheint vielerorts das gleiche Schicksal zu ereilen wie die gelben Telefonhäuschen in Deutschland: Sie werden durch knallbunte Modelle ersetzt, pink scheint modern zu sein.

Solche Aktionen zeugen von Unsicherheit. Wenn die Marketing-Abteilung kommt, stimmt manchmal etwas am Produkt nicht. Oder haben Sie noch Telekom-Aktien? »Der klassische Skilehrer ist tot!«, bemerkte vor kurzem Richard Walter, Präsident des Tiroler Skilehrer-Verbandes. Der Skilehrer scheint etwas ganz Neues werden zu sollen – irgendetwas zwischen Fitnesstrainer, Sozialpädagoge, Animateur.

Vielleicht liegt es auch an den militärischen Wurzeln des alpinen Skischulwesens, dass dieser Übergang nicht so ganz einfach vor sich geht. Als Begründer der

Skischulen gilt nämlich Johannes – später »Hannes« – Schneider, ein Bergbauernsohn aus Stuben bei St. Anton. Der begnadete Sportler arbeitete bereits 1907 mit 16 Jahren als Bergführer, wurde wenig später nationaler Skimeister und qualifizierte sich derart als oberster Ski-Instruktor der österreichischen Armee. Mit militärischer Disziplin lehrte er während des Ersten Weltkrieges ganze Hundertschaften in wenigen Wochen die Grundzüge des Skifahrens.

Diese Erfahrungen nutzte Schneider, als er nach dem verlorenen Krieg die erste große, unabhängige Skischule der Welt in St. Anton gründete. Zuvor gehörte der Skilehrer eher zum erweiterten Hotelpersonal, der jedem Gast auf ganz individuelle Weise beibrachte, halt irgendwie den Berg hinunterzukommen.

Erst Schneider schuf das abgestufte Klassensystem nach dem Baukastenprinzip, wo die Schüler zunächst den Schneepflug erlernen und dann nach und nach die verschiedenen Schwünge bis hin zum so genannten »großen Stemmchristiania in tiefer Hocke«. So konnte jeder Schüler in der Folgesaison auf dem Stand vom Vorjahr anschließen, ohne dass er auf einen bestimmten Lehrer angewiesen war – so wie in einer richtigen Schule. Ähnlich funktionierten zumindest vor den Zeiten des Carvings die Skischulen auf der ganzen Welt.

Zugleich verdonnerte Hannes Schneider seine Skilehrer zu einem strengen »corps d'esprit«. In den Anfangsjahren verbot er seinen Angestellten sogar, mit

44

ihren Schülern außerhalb des Unterrichts auch nur einen Kaffee trinken zu gehen.

Das änderte sich ziemlich bald. Eine Zeit lang übernahmen die Skilehrer im öffentlichen Bewusstsein und im deutschen Heimatfilm die Rollen der Bergburschen und aufmüpfigen Wilderer, wurden später sogar richtige Playboys, wie man sie zuvor nur vom Mittelmeer her gekannt hatte.

›Liebesspiel im Schnee‹ hieß zum Beispiel ein Film aus dem Jahre 1966, in dem Dietmar Schönherr und Toni Sailer als fesche Skilehrer auf den Pisten Österreichs einer Gruppe so genannter Skihaserl begegneten, und dann unter anderem auch Ski fahren.

Es war die Zeit, als der Skisport so langsam ein Breitensport wurde, ihn aber immer noch zumindest ein Hauch von Exklusivität umwehte. Ihren Höhepunkt erreichte diese Phase, als James-Bond-Filme mit wilden Ski-Verfolgungsjagden begannen, in denen die Stuntmen Gletscherspalten hinunterspringen und lässig russisches Maschinengewehrfeuer umwedeln.

Angeblich flirten Skilehrer ja nach wie vor mit ihren Schülerinnen, aber als Filmhelden sind sie kaum noch vorstellbar. Vor kurzem schwärmte meine Kollegin Regina von ihrem Weihnachtsurlaub und dem wunderbaren Skikindergarten, wo sich ausgewachsene Skilehrer um die Kleinen kümmern. »Die sind mindestens so gut wie die Erzieherinnen bei uns zu Hause.«

Ob sie das hören wollten?

Hüttenjagd

Wer das erste Mal Urlaub in den Alpen macht, hat vermutlich genaue Vorstellungen von seiner Wunschunterkunft. Es sollte ein kleines wettergegerbtes Holzchalet sein, vorne mit Balkon und Bergsicht, hinten mit Anschluss zum Skigebiet, Sauna wäre auch nicht schlecht.

Das Problem dabei: Millionen Menschen wollen genau das Gleiche. Deshalb sind heute ganze Täler vollgestellt mit vielstöckigen Appartementblocks, die so tun, als seien sie Berghütten: außen Holz, innen Beton. Sie heißen »Alpenblick« oder »Bergkristall«, und am Abend gibt es Jägerschnitzel.

Die Suche nach einer Unterkunft ist die aufreibendste Tätigkeit bei der Vorbereitung eines Winterurlaubes. »Wir brauchen eine Hütte«, verkündete früher meine Mutter meist schon im Frühling. Es ist ein Vorhaben, als suchte man in München eine bezahlbare Vierzimmer-Altbauwohnung.

Als wir in der Schweiz lebten, vertraute mein Vater seinen neuen Kollegen, die uns mit auf ein »zünftiges Chalet« irgendwo im Berner Oberland nehmen wollten. Es entpuppte sich als eine schlichte Holzhütte oberhalb der Piste, ohne Strom und fließend Wasser, die nur zu Fuß in einem anstrengenden Aufstieg erreicht werden konnte.

Ich fand sie ziemlich klasse. Wir konnten Schnee-höhlen graben und Eskimo spielen. Die alten, sonnen-verbrannten Holzwände der Hütte wärmten den Rü-cken, wenn man sich anlehnte. Abends knisterte das Feuerholz im Ofen, und nachts war es auf der Alm so dunkel, dass man sogar die Milchstraße sehen konnte.

Danach wohnten wir viele Saisons im Dörfchen Ernen bei Bellwald im Oberwallis in einer Etage in einem uralten knarzenden Holzhaus direkt am Dorf-platz. Freunde hatten uns die gemütliche Wohnung vermittelt. Abends konnten wir durch den Ort strei-fen und die Kühe in den Winterställen ärgern. Im Wohnzimmer gab es zwei äußerst bequeme Lesesofas, denen ich einen guten Teil meiner literarischen Bil-dung verdanke. In der Küche kochte ich meine ersten Spaghetti Bolognese, was fast genauso wichtig ist. Ei-gentlich wäre dort alles in Ordnung gewesen, aber irgendwann wollten wir mal in ein größeres Skigebiet. Also machten wir uns auf die Suche nach einer neuen Hütte. Es wurde eine Odyssee.

Über das Fremdenverkehrsamt hatten wir im Ost-tiroler Matrei eine Wohnung in einem Bauernhaus gefunden. Die Schlafzimmer ließen sich ertragen, nachdem wir die rosafarbenen Porzellan-Rehe sowie die Ölrepros von Edelweiß-Gebinden unter dem Bett versteckt hatten. Doch fehlte ein Wohnzimmer. Wir mussten abends in der Küche auf harten Bänken an einem Resopaltisch sitzen. Eine echte Krise trat auf, als wir nach Ladenschluss feststellten, dass ein Korkenzieher für die Weinflasche fehlte.

Ein anderes Mal machten wir mit dem Alpenverein über Fasnacht einen Tiefschneekurs und wohnten dafür sechs Tage lang in einer Hütte im Skigebiet Serfaus in Österreich. Das Ohropax half ganz gut gegen die Schnarcher im Matratzenlager. Ungemütlich wurde es, als die DAV-Sektion Düsseldorf am Rosenmontag einrückte: Bereits am Frühstückstisch saßen die Vereinsmitglieder mit roten Pappnasen und lustigen Hütchen, als sie auf die Piste gingen, riefen sie »Alaaf«. Die Skischuhpolka am Abend endete so gegen drei Uhr morgens, als die Jecken nicht mehr gegen die sedierende Wirkung des Alkohols ankamen. Am nächsten Morgen roch es säuerlich im Aufenthaltsraum. Das Skigebiet übrigens war gar nicht schlecht, abwechslungsreich mit vielen Möglichkeiten zum Variantenfahren. Wir kamen trotzdem nicht wieder.

Einmal nur probierten wir es auch mit einem Appartement. Verlockt vom Ruf der französischen Super-Skistädte, wollten wir den Winterurlaub in Avoriaz im französischen Departement Haute-Savoie verbringen. Schon der erste Anblick raubte uns den Atem: Mit Holzschindeln verdeckte Wolkenkratzer thronen dort wie Türme einer riesenhafen tibetanischen Klosteranlage auf einer 1800 Meter hoch gelegenen großen Felsterrasse. Wo sich früher ein paar schiefergedeckte Almhütten unter dem Himmel duck-

ten und im Sommer die Kühe weideten, ragen jetzt zwei Dutzend Hochhäuser, zehn, zwölf, fünfzehn Stockwerke hoch. Zwischen ihnen zieht sich eine Amüsiermeile mit Cafés, Bistros und Modeläden, als flanierte man an einem Strandboulevard am Mittelmeer. Für Kinder gibt es ein Karussell, die Erwachsenen können abends in die Diskothek oder einen Nachtklub gehen – »bitte in Abendkleidung«. Irgendwo war ich auch fasziniert von der Dreistigkeit und Konsequenz, mit der die Planer einfach eine touristische Stadt in die alpine Wildnis gepflanzt hatten. Und zumindest ist eine solche Anlage ehrlicher und weniger raumverbrauchend als die Appartementhäuser im nachgemachten Chaletstil.

Das Problem war dann, dass die Architekten auch bei der Zimmergröße gespart hatten. Als wir die Tür des Appartements in der 7. Etage aufgeschlossen hatten, sahen wir uns betreten an. Selbst in dem Mini-Wohnzimmer musste jemand übernachten, der Balkon bot gerade genügend Platz für die Skier und auf der Brüstung tapperte hungrig eine Bergdohle herum.

Immerhin war die Aussicht prächtig und das zugehörige Skigebiet riesengroß. Am Abend tranken wir Rotwein aus dem nahe gelegenen Supermarkt (einen Korkenzieher haben wir jetzt vorsorglich immer dabei). Dann beschlossen wir: Im nächsten Winter suchen wir uns wieder eine richtige Berghütte.

Champéry

»Und wenn wir jetzt sterben müssen?«, fragte die Prinzessin.

»Könntest du mir vorher noch einen Kuss geben.«

»Hast du ein Maoam?«

Das gelbe Bonboneinwickelpapier flatterte los wie ein verwegener Schmetterling, wurde dann vom Wind weggerissen. Der alte Zweier-Sessellift zur Pointe du Mossette war ins Stocken gekommen, rückwärts gelaufen, hin und her geschaukelt, dann stehen geblieben – ungefähr auf halber Höhe zwischen Mittelstation und dem scharfen Grat, der zugleich die Grenze zwischen der Schweiz und Frankreich bildet. Nicht, dass wir wirklich Angst gehabt hätten. Es war nur eine dieser kleinen technischen Pannen, wo ganz tief im Bauch ein leichtes Unbehagen entsteht. Andrea und ich machten Scherze, um uns die Zeit zu vertreiben. Außerdem planten wir die Zukunft.

»Ziehst du irgendwann mit mir nach Paris?«, fragte Andrea.

»Wenn du mir einen Job verschaffst.«

»Du könntest Crêpes verkaufen.«

Wir waren in der Nacht zuvor angekommen: Stau hinter Basel, Regen am Genfer See, endlich im Rhônetal, dann in zwanzigminütiger Fahrt das enge Tal hoch nach Champéry, einem Walliser Bergdorf. Im

Dorf, gleich am Supermarkt, scharf nach rechts ein Sträßchen hoch; an einer Kurve parkten wir das Auto und gingen eine lange, dunkle Treppe hinunter zum Chalet. Es hieß »Les Marmottes« – die Murmeltiere. Über dem Kamin im Wohnzimmer hing der Papp-maché-Kopf eines Einhorns, daneben das Bild einer blauen Nackten von Matisse. Es war unser erster gemeinsamer Skiurlaub.

Erst am nächsten Morgen konnten wir so richtig sehen, wo wir gelandet waren. Als wir die Balkon-türen aufmachten, erhoben sich direkt vor uns auf der anderen Seite des schmalen Tales gewaltig die »Dents du Midi«, kariöse, schneebedeckte Zähne. Die Luft war sauber und roch nach Tannennadeln. Dann tranken wir Tee und Kaffee und beobachteten Wölk-chen, die über den Himmel rasten.

»Hübsch«, meinte Andrea.

Erst um halb elf gingen wir auf die Piste und blieben prompt in dem Sessellift stecken. Erst schau-ten wir uns die Ski-Arena zu unseren Füßen an, ein großer, weißer Kessel, wo die Ski-Ameisen hinunter-wuselten, wieder am Lift hochfuhren und wieder hi-nunterwuselten. Glücklicherweise setzte sich der Lift nach ein paar Minuten wieder ruckelnd in Gang.

Von der Bergstation fuhren wir auf einer langen roten Piste ein Hochtal hinunter bis nach »Les Linda-rets«, einer großen Station auf mittlerer Höhe. Wir legten uns in die bereitgestellten Liegestühle und aßen

Pommes frites, beobachteten die anderen Skifahrer und diskutierten darüber, ob Andrea ihren alten Skianzug ersetzen sollte.

»Wo ich ihn doch so mag!«

Irgendwann merkten wir, dass es an der Zeit war, nach Champéry zurückzukehren, was dauerte, weil wir eine Skischaukel über mehrere Grate benutzen mussten. Erst wenige Minuten vor Betriebsschluss erreichten wir den letzten Ziehlift, der uns zur Talabfahrt bringen sollte. Mittlerweile war das Wetter stürmisch und grau geworden, wir zogen die Schals bis über die Nase und die Köpfe ein.

Normalerweise ist diese Talabfahrt eine der schönsten Strecken in der Region. Denn die Piste führt in einem großen Bogen nach Süden aus dem Skigebiet heraus, keine einzige Liftanlage stört die Sicht. Bei schönem Wetter blickt man weit in ein Hochtal bis zu einem sanften Pass, wo ein paar verschneite Holzhütten stehen. Hier machten früher die Schmuggler Rast.

An dem Tag aber wurde das Wetter schlechter und schlechter, Nebel zog hoch, Schneetreiben setzte ein, bald sahen wir nur noch wenige Meter weit. Und der Boden hatte sich verwandelt, wir fuhren auf Tiefschnee.

»Wo sind wir?«, fragte Andrea.

»Bieg mal nach rechts ab«, sagte ich auf gut Glück. Das brachte aber auch nichts.

Wir hatten uns verirrt.

Es wurden zwanzig unangenehme Minuten. Der Nebel war so dicht geworden, dass wir nicht mehr wussten, in welche Richtung wir fahren sollten. Es war zu kalt, um einfach zu warten, bis der Nebel sich verziehen würde, außerdem würde es irgendwann dunkel werden. Wir riefen laut »Hallo«, bekamen aber keine Antwort, wir waren mit die letzten Skifahrer auf der Abfahrt gewesen, der Wind pfiff zu laut. Wir schauten auf unsere Spuren, die waren fast schon überschneit, also stand der Weg zurück auch nicht offen. Vorsichtig fuhren wir weiter. Langsam wurde es unheimlich.

»Wie viele Maoams haben wir noch«, erkundigte sich Andrea. Dann verging uns das Witzeln.

Irgendwann stießen wir dann auf einen Holzzaun, dem wir mangels Alternative bergabwärts folgten, obwohl es zeitweise sehr steil wurde. Einmal stürzte ich und konnte mich gerade noch halten. »Da hinten!«, rief plötzlich Andrea.

Es war tatsächlich der Ziehweg hinunter zum Parkplatz.

Wir waren selten so erleichtert gewesen. Wir freuten uns sogar, als es weiter unten im Tal zu regnen begann und der Schnee feucht und pappig wurde. Wir genossen jeden Meter und rutschten langsam hinunter, waren bald von den Zehen- bis zu den Haarspitzen durchnässt. Ein kühler Wind blies uns ins

Gesicht. Auf dem Weg saßen schwarze Bergdohlen, die protestierend aufflogen, als wir vorbeifuhren.

Endlich kamen wir unten an, wo das Schild »Grand Paradis« die Talstation markierte. Wir fuhren zum Auto, schütteten das Wasser aus unseren Skistiefeln und lachten.

Dann beschlossen wir, noch lange zu leben.

Blau, rot, schwarz

Die erste schwarze Abfahrt ist für einen Skifahrer so etwas wie der Segelschein für den Wassersportler. Erst nach ihrer Bewältigung kann er lässig behaupten: »Also, runter komme ich überall.«

Nach den blauen und den roten Pisten gelten die schwarz markierten Pisten gemäß den Regeln des alpinen Schilderwaldes als die schwierigsten Abfahrten. Allzu ernst muss man die Markierungen allerdings nicht nehmen. Die Betreiber von Skigebieten haben da ähnliche Probleme wie die Verfasser von Wahlplattformen: Sie wollen möglichst viele Menschen ansprechen und müssen deshalb jedem etwas anbieten, vom Anfänger bis zum Könner, selbst, wenn das Gelände das gar nicht hergibt.

Noch am ehesten kann man sich auf die blaue Klassifizierung verlassen. Fast immer gibt es irgendwelche Ziehwege auf die Alm, die im Winter als gemächliche lange blaue Abfahrt dienen können. Außerdem mag es niemand riskieren, dass ein Skianfänger plötzlich einen Steilhang hinunter kullert. Üblicher ist, dass die Skigebiete mit vermeintlich schwierigen Pisten auftrumpfen, die es gar nicht gibt, weil: Ein Gebiet, das überhaupt keine schwarze Piste aufweist, würde niemand für voll nehmen. Also muss man sie sich schaffen. Im gemütlichen Familienskigebiet Kühtai im Tiroler Sellraintal etwa gibt es laut Pistenplan mehrere schwarze Pisten. Tatsächlich sind es zwar recht steile, aber glatte Hänge ohne Buckel, die ein guter Skifahrer gemütlich hinunterwedelt.

Eine ernst zu nehmende schwarze Piste kann man daran erkennen, dass sogar Fortgeschrittene sich fragen: »Muss ich mir das heute antun?« Nur wer zumindest gelegentlich mit »Ja« antwortet, wird eine der Wahrheiten erkennen, die sich beim Skifahren finden lassen: Dass es gut sein kann, seine Angst zu überwinden.

So eine richtige Angstabfahrt gibt es im Skigebiet »Portes du Soleil«, dort, wo es von der französischen Seite hinübergeht in die Schweiz. Wenn man vor ihr steht, denkt man zuerst: Das ist wohl ein Missverständnis. Dann schaut man zurück auf den Wegweiser, der aber zeigt eindeutig: »vers Champéry«. Ein gähnendes Steilfeld mit mannshohen Buckeln, seitlich begrenzt von einem Steilabhang und orangefarbenen Fangnetzen für Skifahrer, die auf Abwege geraten sind.

Die meisten drehen nach einem Blick in die Tiefe bei und fahren mit dem freundlicherweise bereitgestellen Sessellift hinunter. Sie blicken auf befremdliche Szenen: Da purzeln verzweifelte Skifahrer den halben Berg hinunter, andere rutschen vorsichtig auf den Kanten ab, einige haben gar die Skier ganz abge-

schnallt und stapfen ängstlich zu Fuß hinunter. Ich war richtig stolz, als ich das erste Mal diese Piste bewältigt hatte, obwohl ich mich in eher mühsamen Kurven hinunterquälen musste. Nur einige Könner fahren diesen Hang wirklich elegant hinab.

Es sind wahrscheinlich die gleichen, die sich auch die steilen Rinnen jenseits der Pisten hinunter trauen. Direkt neben der berüchtigten Schwarzen von Avoriaz fallen einige nahezu senkrechte Schneerinnen zwischen steilen Felsen hinab. Niemand würde glauben, dass sie zu befahren sind. Doch kaum hat es geschneit, finden sich plötzlich enge Wedelspuren in den Rinnen.

Das ist die entscheidende Grenze zwischen normalen Pisten und den Steilhängen, die von so genannten Freeridern bewältigt werden: Diese Hänge sind so steil, dass sie sich eigentlich nicht mehr klassisch befahren lassen. Es sind eher kontrollierte Abstürze als reale Skiabfahrten. Wer versuchen würde, in einer solchen Abfahrt zu stoppen, riskierte einen lebensgefährlichen unkontrollierten Sturz. Hier geht es nicht mehr um Spaß beim Sport, sondern um das Austesten von immer neuen psychologischen Grenzen.

Nur ein Problem haben die Freerider: Spätestens seitdem der Südtiroler Extrem-Bergsteiger Hans Kammerlander im Frühjahr 1996 erstmals vom Gipfel des 8848 Meter hohen Mount Everest mit Skiern hi-

nuntergefahren ist, lässt sich diese Form des Skifahrens kaum noch steigern. Vielleicht haben deshalb
einige Extremsportler das Medium gewechselt. Sie
springen mit einem Snowboard von einem Flugzeug
ab und surfen durch die Luft. Wichtig ist dabei allerdings, einen Fallschirm dabei zu haben.

Im Temporausch

Mein Freund Wolfgang – ein Unternehmensberater – ist ein ausgesprochen freundlicher und höflicher, leider äußerst unsportlicher Mensch. Er grüßt seine Nachbarn und hält seinen Kolleginnen die Tür auf. In seinem Wohnzimmer hört er gerne Lieder von Franz Schubert, in denen Countertenor Jochen Kowalski mit Sätzen leidet wie: »Ach Bächlein, ach Bächlein, aber weißt du-hu wie-hie Liee-i-i-iebe tuuuut?«

Auf der Autobahn tritt Wolfgang das Gaspedal seines BMWs, bis die Tachonadel bei knapp 250 Stundenkilometern zittert. Wenn dann die Landschaft links und recht in bunten, verwischten Flecken vorbeirast, dreht er sich zur Seite und sagt mit leicht flackerndem Blick: »Geil – was?«

So ähnlich ergeht es mir auf der Piste.

Ich fahre lieber U-Bahn als Auto, grüße meine Kollegen und bemühe mich, meine Topfpflanzen zu gießen. Aber ich rase leidenschaftlich gerne die Pisten hinunter und meine einzige Entschuldigung ist die, dass ich in den letzten 33 Jahren noch nie jemanden umgefahren habe. Die Sache mit dem Bremsen klappt.

Nicht, dass ich mit Wolfgangs Geschwindigkeit mithalten wollte, obwohl das theoretisch noch nicht mal völlig abwegig wäre: Exakt 248,105 Stundenkilometer auf Skiern erreichte laut Guinness-Buch der Rekorde der Österreicher Harry Egger am 2. Mai 1999 auf einem Steilhang im französischen Les Arcs. In nur drei Sekunden beschleunigte der Ski-Rennfahrer von 0 auf 100, schneller als ein Formel 1-Rennwagen. Um möglichst windschnittig zu sein, befestigte Egger Spoiler an Händen, Füßen, Beinen, Kopf und Rücken. Seit seinem letzten Rekord nennt sich Egger folgerichtig »Skiborg«, also Ski-Mensch-Maschine. Ich weiß nicht, ich möchte mich eigentlich nicht in ein Auto auf Brettern verwandeln.

Der Reiz der Ski liegt ja gerade darin, ohne Blech, Benzin und Getriebe Geschwindigkeiten zu erreichen, die ein Mensch zu Fuß nie erreichen würde. Dabei geht es mir nicht um Rekorde. Man muss sich das Rasen auf der Piste als einen meditativen Akt vorstellen.

Seine persönliche Höchstgeschwindigkeit bewältigt man nämlich nur dann, wenn man alle Sinne auf die Fahrt konzentriert. Rasen funktioniert nicht mit Nachdenken, sondern nur über eine möglichst automatische, instinktive Steuerung. Jemand, der erst überlegen muss, wie er eine Kurve fahren soll, wird im besten Fall plump den Hang hinunterkommen. Die Gedanken sind zu langsam, um schnell genug auf jede Bodendelle und alle vereisten Stellen zu reagieren – zumal man als Skifahrer die untergeschnallten Bretter mit jedem Muskel lenkt. Es gibt vermutlich keinen

anderen Sport, wo gleichermaßen der gesamte Körper den Bewegungsablauf bestimmt.

Umgekehrt ist schnelles Skifahren das beste Mittel gegen Grübeln. Schon bei mittleren Geschwindigkeiten verschwinden automatisch alle Gedanken an die anstehende Steuererklärung oder den trüben Zustand des deutschen Pressewesens. Ski-Rasen ist eine nicht-chemische Glücksdroge, dabei deutlich billiger als ein BMW. Nicht immer ganz ungefährlich, aber dennoch längst nicht so riskant wie ein Crash auf der Autobahn. Außerdem gibt es bislang noch keine Strafzettel wegen Geschwindigkeitsüberschreitungen auf der Piste.

Schnee ist ein besserer Untergrund als Asphalt: Für Skifahrer ist er ein Element wie Wasser und Wind für die Segler. Sie steuern keine Maschinen, die sich mit purer PS-Kraft ihren Weg bahnen, sondern sie nutzen die Gleitfähigkeit und die Widerstände des Schnees, um eine gute Bahn zu finden, so wie die Segler mit Strömung und Wind spielen. Segler und Skifahrer bekämpfen nicht die Elemente, sondern bedienen sich ihrer mit Geschick.

Wer den Schnee wirklich versteht und die angemessenen Kurven hinab findet, der läuft auch ganz von allein schön Ski – es sei denn, er fährt allein mit seiner Muskelkraft. Aber der Unterschied zwischen Eleganz und Kraft beim Skifahren ist so wie jener zwischen Motoryacht und Segelschiff.

Glück im Gips

Früher kamen die Verletzten mit einem Gipsbein zurück. Der Gips war glatt und weiß und erregte anerkennendes Interesse unter Freunden, Mitschülern und Mädchen. »Nö, *mir* tut es nicht mehr weh«, sagte dann tapfer der Gipsträger.

Praktisch war ein Gips an der rechten Hand. Der verhalf zu mildernden Umständen bei Klassenarbeiten und schriftlichen Hausaufgaben. Außerdem ließ sich der Gips bemalen. Die Zahl der Smileys, Blümchen und Unterschriften zeugte von der Popularität des Verunfallten. Ich erinnere mich an meinen Freund Peter, der seinen Verband gar nicht mehr ablegen wollte, nachdem ihn Klassenkameradin Carmen mit einem rosafarbenen Herzchen verziert hatte.

Der Skigips war eines der wenigen Tapferkeitsabzeichen, das sich in unserer Generation erwerben ließ, dabei erfreulich wenig Leidensbereitschaft erforderte. In aller Regel war der Bruch nach ein paar Wochen anständig verheilt, zurück blieb eine gipserne Trophäe im Regal.

Heute kommen die Verletzten mit einem Bänderriss zurück.

Denn die Unfallstatistik im Skisport hat sich verändert. Beim klassischen Sturz brach der Unterschenkel, wenn ein Ski irgendwo stecken oder hängen

blieb und der Fahrer von der Wucht der Fahrt weitergerissen wurde. Die modernen Sicherheitsbindungen und hochgeschlossene Skischuhe verhindern in den meisten Fällen solche Brüche. Stattdessen führen die mittlerweile weit verbreiteten Carving-Ski zu ganz neuen Verletzungen: Deren starker Kantenbiss kann dazu führen, dass sich der Ski regelrecht in den Schnee hineinfräst. Wenn dann die Muskelkraft nicht ausreicht, um diese Belastung durchzustehen, kann das Kreuzband im Knie reißen – ganz ohne Sturz. Kreuzbandrisse machen mittlerweile ein Drittel aller Skiverletzungen aus – und die sind deutlich unangenehmer als ein glatter Bruch: Wer Pech hat, muss wochenlang das Bett hüten, meist steht eine Operation an, die Rehabilitation kann Monate dauern, manchmal bleiben chronische Kniebeschwerden. Nicht viel besser ist es bei den Snowboard-Fahrern. Da sie ohne Stöcke fahren und sich häufig mit den Händen abstützen müssen, erleiden sie besonders häufig unangenehme Handgelenkbrüche.

Im Profirennsport hat die Entwicklung der Skitechnik dazu geführt, dass nur noch Athleten ein Abfahrtsrennen durchstehen. Heutige Rennski verwinden sich nicht mehr stark beim Umlenken, die Fahrer stehen auf einer erhöhten Bindungsplatte, so dass sich die Kurven immer steiler und schneller fahren lassen. Nur bestens trainierte, muskulöse Kraftpakete bewältigen die Fliehkräfte. Schmächtige Abfahrer wie der einst berühmte Doppel-Olympiasieger Markus Wasmeier hätten bei einem modernen Rennen überhaupt keine Chance mehr. Selbst heutigen Rennfahrern reißen regelmäßig die Bänder, wenn sie in der Kurve kleinste Fehler begehen.

Zum modernen Skirennsport gehören Unfälle mit manchmal sogar tödlichen Folgen. Abfahrtsrennen ist die Formel 1 im Schnee – und hat wahrscheinlich gerade deshalb so an Popularität unter Fernsehzuschauern gewonnen, wohlig gruselt es sich auf dem Sofa.

Im Skigebiet ist das anders. Jedes Mal, wenn die Männer vom Pistenservice ein bleiches Unfallopfer mit dem Rettungsschlitten ins Tal oder zum Helikopter fahren, lassen sie eine diffuse Schneise des Unbehagens hinter sich. Alle fahren eine Viertelstunde etwas langsamer und denken: »Hoffentlich erwischt es mich nicht!«

Fenn erwischte es ausgerechnet auf einer blauen Piste im Kühtai, einem gemütlichen Familienskigebiet im Sellrain in Tirol. Sie wollte gerade kräftig abbremsen, um ihren Freund Jonas mit Schnee einzustäuben, der am Hang auf sie wartete. »Ich weiß überhaupt nicht, was passiert ist«, erzählte sie zwei Wochen später beim Bier, das sie ungelenk mit der linken Hand hielt. »Plötzlich flog ich auf den Boden, wollte mich mit der Hand abfangen, es tat höllisch weh.«

Der Arzt diagnostizierte einen Bänderriss am Daumen der rechten Hand und schrieb sie vier Wochen

krank. Fenn ist Architektin und ohne Zeichenhand ziemlich aufgeschmissen. Sie bekam noch nicht mal einen richtigen Gips, nur so eine Art Schiene, die der Arzt aus einer Plastikfolie wickelte. Sie durfte lediglich zwischen einem grünen und einem blauen Stoffverband wählen und war auch sonst unglücklich. »Es ist so langweilig allein zu Hause!«

Den ersten Vorteil ihrer Verletzung sah sie, als Jonas notgedrungen alle Hausarbeit übernahm. Jonas kochte, wusch die Wäsche, bügelte ohne Murren. Auch die Kollegen kümmerten sich: Sie kamen zu Besuch und schenkten ihr zum Trost ein Ansteck-Set für die verunfallte Hand: Je nach Bedarf und Stimmung, konnte sie sich nun einen Enterhaken oder einen Dreizack auf die zwei freien Fingerkuppen setzen.

Nächste Woche wollte der Arzt eigentlich die Schiene abnehmen. Noch überlegt Fenn, ob sie ihn nicht um ein paar Tage Aufschub bitten soll.

Adler sucht Gams

Also, der erste Kinobesuch war eine Katastrophe, berichtete meine Kollegin Carola. Normalerweise ist die überhaupt nicht rührselig. Aber im Kino lief ›Pretty Woman‹, die Geschichte von der Prostituierten mit dem goldenen Herzen, die Richard Gere als trauriger Millionärs-Prinz in ein besseres Leben rettet. Schlussszene, Träne zerquetscht, noch etwas tiefer in den Sessel gesunken, den Kopf zu dem Physiker Jochen gedreht. Jetzt sag bloß nichts Falsches, dachte Carola. Jochen sagte: »Was für ein Scheiß.«

Zum Glück sind die beiden dann doch noch mal miteinander zum Skifahren gegangen.

Flachländler machen sich keine Vorstellung, wie beziehungsrelevant Skilaufen südlich des Mains ist. In München stellt sich die S-Frage spätestens dann, wenn im Winter fürs Wochenende Schnee und Sonne vorausgesagt sind. Da merken manche Paare, dass ihnen eine wesentliche Gemeinsamkeit in ihrem Leben fehlt.

Meist folgt dieser Einsicht, dass der Ski fahrende Partner den Nicht-Skifahrer zum Nachhilfeunterricht auf einer leicht geneigten Flachstrecke nötigt, die der Volksmund nicht ohne Grund »Idiotenhügel« nennt. Skifahren lernen ist aber spätestens nach dem 30. Lebensjahr ein Bemühen mit begrenzten Erfolgs-

aussichten. Der Anfänger wird dem Könner immer hinterherfahren und sich mit burlesken Stürzen demütigen. Wer sich das nicht antun will, sollte vielleicht Snowboarden, das ist etwas einfacher. Oder lieber gleich Schlitten fahren.

Sinnvoller wäre es natürlich, wenn Singles auf Partnersuche bereits vor der Aufnahme einer neuen Beziehung ihre Wünsche verdeutlichen würden. Vorbildlich machen das die Inserenten im Mitgliedermagazin des Deutschen Alpenvereins. Unter der Abteilung »Er sucht sie« finden sich Annoncen mit klaren Vorgaben – etwa: »Adler sucht Gams in Skistiefeln.«

Erstaunlich, dass sich nicht mehr Paare gleich auf der Piste kennen lernen. Eigentlich könnte ein Skihang ein idealer Kontakthof sein, wo sich die Geschlechter schnell mal präsentieren und taxieren, aber genauso schnell auch wieder wegfahren können. Am Lift und auf der Sesselbahn könnten sich theoretisch ein paar Minuten zum Ratschen finden.

Doch in der Praxis verläuft die Kommunikation auf den Skiliften meist wie im Kaufhaus-Aufzug. Wenn Unbekannte sich auf den Dreier-, Vierer- oder Sechser-Sesseln der modernen Bahnen begegnen, reden sie eher nicht miteinander, sondern stieren in den Himmel. Selbst bei langen Warteschlangen bleiben zum Ärger der Liftwärter immer wieder Sitze leer, weil die Gruppen zusammenbleiben oder manche lie-

ber alleine fahren wollen. Überhaupt: Allein fahrende Skifahrer gibt es gar nicht so viele. Partner suchende Singles haben mehr Aussichten, wenn sie einen Skikurs buchen. Skifahren ist ein Sport für Gruppen und Paare – oder solche, die es werden wollen.

Wo sonst lassen sich binnen eines Tages so viele Tugenden testen wie an einem durchschnittlichen Skitag an einem sonnigen Skiwochenende in den bayerischen Alpen? Geschmack und der Umgang mit dem Geldbeutel zeigen sich in der Skiausrüstung. Die Geduld erweist sich, wenn die Autofahrt von München nach Lenggries im Stau zwei Stunden statt der üblichen 45 Minuten dauert; die Heiterkeit, wenn der mögliche zukünftige Gefährte lächelnd in der vor nassen Anoraks müffelnden Schlange an der Talstation steht; die Durchsetzungskraft, wenn man dennoch wenige Minuten später in der Gondel sitzt.

Bei Carola und Jochen hat es dann auf der Sesselbahn zum Zugspitzplatt gefunkt, so auf knapp 3000 Meter Höhe, wo die Luft dünner wird und die Gefühle leichtfertiger. Es war schon spät am Nachmittag, leichtes Rosa legte sich auf die Gipfel am Horizont. Carola fror und war hungrig. Jochen hatte vorgesorgt und teilte großzügig Schokolade und Mandarinen. Außerdem wedelte er ziemlich klasse die Buckelpiste hinunter und ließ vermuten, dass er das Problem mit dem Tanzen auch noch hinbekäme. »Da hab ich dann gedacht, das könnte vielleicht doch was werden mit uns«, erzählt Carola. Wenig später zogen die beiden zusammen.

Einige Jahre später schlug Jochen vor, auf Skitour zu gehen. »Nichts Schlimmes, was zum Eingehen.« Ob er geahnt hatte, dass die erste Skitour eine der härtesten Methoden ist, die Beständigkeit einer Beziehung zwischen Mann und Frau zu testen?

Jochen hatte die Pleisenspitze rausgesucht, einen 2567 Meter hohen, unspektakulären Berg im Karwendel nahe der österreichischen Grenze. Die 1600 Höhenmeter bis zum Gipfelkreuz sind für einen Anfänger allerdings heftig. Wer sich bislang von Skiliften in Minutenschnelle in die Höhe hieven ließ, tut sich schwer mit fünf Stunden Aufstieg auf Skiern und Fellen, mit Rucksack und Schaufel. Außerdem fehlte es an Schnee.

In den unteren Lagen mussten sich die beiden deshalb über halb zugeschneite Latschenfelder kämpfen, die Skispitzen verhedderten sich in den Zweigen. Dann kamen lange weite Hänge und hinter jeder Kuppe eine neue Kuppe. Irgendwann heulte Carola vor Anstrengung, musste sich gar übergeben. Aber sie schaffte es bis zum Gipfelkreuz.

Wenig später verschickten die beiden die Einladungen zu ihrer Hochzeit, gefeiert wurde auf der Stie-Alm am Brauneck. Bald soll Tochter Janina ihre ersten Skier bekommen, damit sie endlich aufhört, immer was von »Rollerblades« zu murmeln.

Mäuserennen

Manchmal denkt man, da sei gerade ein kleiner Transrapid an einem vorbei gerauscht, dann war es doch wieder nur ein Kind. Das sind kleine, rasende Farbkugeln auf breiten Beinen. Besonders heftig geht es in den berühmten Skigemeinden zu, etwa im oberbayerischen Lenggries. Dort flitzen die Kleinen und die Halbwüchsigen wie die Rennmäuse kreuz und quer über die Hänge, stürzen sich todesmutig die steilsten Varianten hinunter.

Und nie, nie fällt einer.

Unten im Dorf – so hört man – muss sich jedes Kind schon in der Krabbelgruppe entscheiden, ob es sich später auf Abfahrt oder Slalom spezialisieren will. Kaum machen die Kleinen die ersten Schritte, setzen ihnen die Eltern einen Helm auf, stellen sie auf Ski und schicken sie auf die Piste. Die weitere Karriere im Sozialleben von Lenggries hängt dann wesentlich davon ab, wie man sich im Schnee bewährt. Ein Pokal in einem Nachwuchsrennen ist hier für das Ansehen mindestens so wichtig wie anderswo ein neues Fahrrad oder eine Playstation.

Besonders erfolgreich war die kleine Hilde, hatte sie doch die besten Voraussetzungen: Sie wuchs mitten im Lenggrieser Skigebiet Brauneck auf, wo ihre Eltern auf 1500 Meter Höhe die »Tölzer Hütte« betrieben, eine Berggaststätte, wo es auch heute noch Leber-knödelsuppe gibt und Wiener mit Pommes.

»Meine ersten Versuche auf den Brettern machte ich direkt vor unserer Hütte«, berichtet Hilde. »Es ging rein in die Ski und runter ins Tal. Egal, ob es gerade einen Meter Neuschnee gegeben hatte oder Windböen tobten; wir fuhren jeden Tag mit den Skiern zur Schule. Mit mal mehr oder weniger Ver-spätung kamen wir immer heil an. Nach einem 30-mi-nütigen Fußmarsch von der Schule zum Lift traten wir am Nachmittag wieder den Heimweg an.« Heute ist aus Hilde die »wilde Hilde« geworden – bekannt-lich die Ski-Olympiasiegerin und Weltmeisterin Hilde Gerg. Und die Gemeinde von Lenggries ist stolz auf Hilde.

Wahrscheinlich wäre es übertrieben, wenn jedes Kind, das Skifahren lernt, Goldmedaillen anstreben würde. Die Lehre aus Orten wie Lenggries ist eine andere: Am besten lernen Kinder das Skifahren, wenn man sie möglichst früh einfach nur fahren lässt. Nur die allerersten Jahre muss man sie zum Hinun-terfahren zwischen die Beine nehmen oder in einen Skikindergarten stecken.

Nicht, dass Eltern völlig überflüssig wären. Sie müssen den Kindern die Ski anschnallen, die Skipässe kaufen und in der Mittagspause für Spaghetti Bolo-gnese sorgen. Außerdem sollten sie immer wissen, wo das nächste Klo ist.

Ihre wichtigste Aufgabe ist es allerdings, die Kinder erst mal auf den Berg zu bringen. Im Sessellift geht das noch ziemlich einfach, da müssen sie nur darauf achten, dass die Sprösslinge nicht herumhampeln und vom Sessel rutschen. Die herkömmlichen Ziehlifte bereiten den Eltern schon mehr Probleme. Immer wieder sieht man Väter, die sich den Bügel mit etwas gequältem Gesicht in die Kniekehlen hängen, damit Sohn oder Töchterchen mitfahren kann.

Irgendwann kommt dann der Moment, wo der Nachwuchs selber liftelt will. Ich erinnere mich mit Schrecken an mein erstes Mal – gemeinsam mit meinem Bruder Stefan. Mutig hatten wir uns beide alleine am Lift angestellt, obwohl wir noch nicht die vorgeschriebene Größe erreicht hatten.

Wir hatten genau abgesprochen, wie wir das machen wollten. Am Ende des Liftes sollte Stefan schnell zur Seite fahren, ich sollte anschließend abbügeln. Doch der Bügel verhakte sich in meinem Anorak, ich fiel der Länge nach hin, der Lift schleppte mich weiter den Hügel hoch, der Liftwärter schlief, ich brüllte. Ich weiß gar nicht, ob das Trauma für mich größer war oder für meine Mutter, die mich schließlich aus der misslichen Lage befreite.

Aber das Herunterfahren lernte auch ich – wie bereits berichtet – weitgehend allein. Eine Skischule besuchte ich nie. Vielleicht wäre doch noch ein richtiger Skirennläufer aus mir geworden, hätte es da nicht dieses tragische Slalom-Rennen an der Bettmeralm im Schweizer Wallis gegeben, als ich sieben Jahre alt war.

Es wurde vom örtlichen Touristenverband veranstaltet. Wie Kinder nun mal sind, nahm ich den Wettbewerb außerordentlich ernst, obwohl die Veranstalter das Ganze leicht despektierlich »Mäuserennen« getauft hatten. Tagelang hatte ich für den großen Tag trainiert, war stundenlang um Skistöcke gekurvt. Dann der entscheidende Tag, ein blauer Himmel, griffiger Schnee. Stolz hatte ich mir meine Startnummer umbinden lassen, es war die »5«.

Als der Startschuss knallte, fiel mir ein, dass ich ja gar nicht gefragt hatte, wie ich um die vielen Slalomstangen kurven sollte, das sah alles ganz anders aus als beim Training: Links herum, rechts herum, durch die Tore hindurch? Ich entschied mich für die falsche Lösung.

Zwar bekam ich eine Trostmedaille am rot-weiß-roten Band, doch die Olympiade strebte ich fortan trotzdem nicht mehr an. Schade eigentlich.

Medaillenwahn

Mittlerweile sind die Olympischen Winterspiele noch absurder geworden als sie es zu Anfang des letzten Jahrhunderts waren. Bei den ersten deutschen Winterspielen 1936 in Garmisch-Partenkirchen gab es wenigstens noch klare Sieger. Bei der 3800 Meter langen Abfahrt vom Kreuzeck hinunter zur Stadt lag der Schnellste 10,8 Sekunden vor dem drittplatzierten Läufer. Dabei durfte der damals anerkannt beste Abfahrer der Welt, der Österreicher Toni Seelos, als professioneller Skilehrer an dem Rennen gar nicht teilnehmen. Er fuhr deshalb die gleiche Strecke als Vorläufer außer Konkurrenz, stürzte, rappelte sich wieder auf und gelangte immer noch fünf Sekunden vor dem späteren Goldmedaillen-Gewinner ins Ziel.

Heute könnte die Zeitmesstechnik von damals wahrscheinlich nicht mal entscheiden, wer vor wem ankam. Bei den Winterspielen 1998 im japanischen Nagano fuhren beim Abfahrtslauf die ersten neun Fahrer alle binnen der gleichen Sekunde ins Ziel, manche im Abstand von nur zwei Hundertstelsekunden. Noch dementiert der Internationale Skiverband (FIS), dass man in Zukunft auch die Tausendstelsekunden messen wolle, um weiterhin Leistungsunterschiede zwischen den Sportlern festzustellen.

Man kann sich natürlich fragen, was das alles überhaupt soll. Deshalb sträubten sich ja auch die skandinavischen Erfinder des Skisports gegen die erste Winterolympiade 1924 im französischen Chamonix. Derartige Veranstaltungen gefährdeten ihrer Ansicht nach die Reinheit des Sports. Polarforscher und Ski-Nationalheld Fridtjof Nansen wetterte in einem Interview mit einem schwedischen Journalisten ganz allgemein über die Skirennen: »Die jungen Leute von heute setzen eine Ehre darein, in Rennen und Wettkämpfen zu siegen und alle Rekorde zu schlagen. Das durchaus übertriebene Lob, das man ihnen zollt, schmeichelt ihrer Eitelkeit.« Mit schlimmen Folgen, meinte Nansen: »Sie geben ihrem Körper eine Entwicklung, die nicht harmonisch genannt werden kann, und werden dann leichter als andere Leute von Krankheiten, besonders von Tuberkulose, befallen; außerdem verlieren sie jedes Interesse für das praktische Leben und werden schlechte Geschäftsleute und unfähige Staatsdiener.« Doch als das Internationale Olympische Komitee Nansen für seine Grönland-Durchquerung auf Skiern eine Goldmedaille verleihen wollte, nahm dieser sie gerne an.

Das menschliche Bedürfnis nach Ruhm ist groß, haben mittlerweile auch die Evolutionspsychologen festgestellt. »Am Anfang der Menschwerdung standen Sprint und Marathonlauf«, urteilt kühn der Biologe Josef Reichholf. Insofern waren die Skiläufer relativ spät dran mit ihren Wettrennen, was an der Technik

gelegen haben mag, die lange Zeit unzureichend war. Die ersten Abfahrtsrennen wurden deshalb erst in den Jahren nach der Erfindung des Telemark-Skis in der zweiten Hälfte des 19. Jahrhunderts abgehalten.

Zuvor machten nur die Wettrennen der Goldsucher in der High Sierra Kaliforniens von sich reden: Die stellten sich – manchmal zu mehreren – auf bis zu vier Meter lange so genannte »longboards« und fuhren dann im Schuss den Hang hinunter. Sie erreichten Geschwindigkeiten von bis zu 140 Stundenkilometern und waren damit so schnell wie heutige Abfahrtsläufer.

Nun kann es niemand den Skirennläufern verdenken, dass sie sich in Wettbewerben messen wollen. Doch was wohl Tommy Waltner (USA) angetrieben hat, mit dem folgenden Rekord die Aufnahme ins Guinness-Buch der Rekorde zu erzielen? Ihm gelang es am 25. April 2000 binnen zehn Minuten aus dem Stand 23 Saltos zu schlagen – mit Skiern an den Füßen.

Mittlerweile veranstalten die Angehörigen fast jeder Skidisziplin Wettbewerbe: Die Abfahrer und die Langläufer, die Firngleiter, die Speedskier und die Snowboarder, die Buckelpistenfahrer und die Biathleten, selbst Tourengeher rennen mittlerweile um der Ehre und einer Medaille wegen um die Wette auf die Gipfel.

Es läuft immer nach dem gleichen Prinzip: Ein

paar junge begabte Skifahrer machen etwas ganz Neues, Wildes, Unkonventionelles jenseits der Ski-industrie, entwickeln eine süffige Philosophie von Freiheit und Abenteuer. Bald tauchen sie in Werbespots für Limonadengetränke auf, die ersten Sportartikelhersteller spitzen die Ohren, die erste Meisterschaft wird geplant.

Zuletzt war das so bei den Freeridern, jenen Extrem-Skifahrern, die abseits der Pisten extrem steile, felsendurchsetzte Hänge hinunterfahren und 20-Meter-Sprünge in die Tiefe machen, die früher als unmöglich galten. Etwas für die ganz harten Jungs, die keiner bürgerlichen Verlockung erliegen.

Es nahm dann seinen üblichen Weg. Der Hersteller eines Disco-Energiegetränkes sponserte die nach ihm benannten Meisterschaften. Der Franzose Chicherit Guerlin wurde bei den offziellen IFSA World Free Skiing Championchip der Meister. Die Preisrichter bewerteten unter anderem die Wahl der Fahrlinie, Bewegungsrhythmus und die Ausführung der Sprünge.

Als ob man der Freiheit Noten geben könnte.

Hühner am Berg

Wenn die Erinnerungen an studentische WG-Zeiten ausreichend verblasst sind, kommen Menschen wieder auf die Idee, sich gemeinsam eine Skihütte zu mieten. Wie lustig könnte das sein, denken sie sich, gemeinsam Ski zu fahren, abwechselnd die Kinder zu hüten, nach dem Skitag abends gemütlich in der Stube zu sitzen und Karten zu spielen.

Vielleicht kann einer Gitarre spielen und versucht sich an »La Guantanamera«. Das könnte zum ersten Problem werden. Meist wird jedoch zuvor gekocht.

Jonas Zucchini-Risotto am ersten Abend war jenseits jeder Kritik. Schließlich ist Jonas ein begnadeter Hobbykoch und er war extra am frühen Nachmittag ins Tal nach Champéry hinuntergefahren, um das Abendessen für die ganze Gruppe vorzubereiten, die Zutaten hatte er noch in München gekauft.

Als wir hungrig an der Hütte ankamen, empfing uns schon von weitem der Duft von Safran und Thymian, Jonas stand mit leuchtenden Augen und rotkarierter Schürze am Herd und erwartete uns. Das Risotto war so sämig wie es sein sollte, die Reiskörner hatten noch leichten Biss, die Zucchinistückchen waren nicht zerkocht und den Parmesan hatte Jonas eigenhändig gerieben. Seine Freundin Fenn war stolz auf ihn. Das einzige Problem dieses Abendessens war, dass es den Standard recht hoch ansetzte.

Yvonnes Spaghetti Bolognese am nächsten Tag fanden auch noch allgemeine Zustimmung, ebenso Carolas Gulasch. Jonas nahm es sogar gelassen hin, als Carolas zweijährige Tochter Janina einen Löffel nahm, »Ja« schrie und in den Teller haute. Jonas hatte jetzt ein rot geflecktes Hemd.

Die erste Krise kam am vierten Tag, als Holger Küchendienst hatte und sich erste Lücken bei den Vorräten bemerkbar machten.

Kulinarisch gesehen verhält sich nämlich ein Hüttenurlaub in der Schweiz ähnlich wie eine Fahrt mit der Transsibirischen Eisenbahn von Moskau zum Pazifik. Auch die Köche des Speisewagens kaufen groß ein, dann verschwinden Tag für Tag mehr Gerichte von der Speisekarte. Kurz vor Irkutsk gibt es meist noch in Plastikfolie eingeschweißten Räucherfisch, hinter dem Baikalsee nur mehr Brot und Wodka. Auch auf unserer Skihütte war nach drei Tagen das Obst und Gemüse sowie das Frischfleisch weitgehend aufgebraucht.

Nicht, dass wir von Hunger bedroht gewesen wären. Wir hatten die Kofferräume unserer beiden Autos in München bis in den letzten Winkel mit Lebensmitteln gefüllt, denn in der teuren Schweiz – so wussten wir schon vorher – kämen wir mit unseren weichen Euro nicht weit. Wir hatten Hartkäse gekauft und Salami, Müsli, einen kleinen Eimer Marmelade,

Knäckebrot, zwanzig Tafeln Schokolade, Dosenravioli, Nudeln, immer wieder Nudeln, Reis, Bohnen, Sardinen in Dosen, Linsen in Dosen, Aufback-Baguettes, Tütensuppen chinesischer Art und welche mit gefriergetrockneten Spargelspitzen. Aber die Mischung von all dem ist nicht unbedingt optimal.

Holger hatte Kartoffelbrei mit Dosen-Thunfisch geplant. Nu ja. Unglücklicherweise hatte er außerdem Wasser statt Milch genommen, dann zu viel Salz – »nur eine Handvoll!«- in den Brei gekippt. Holger geht normalerweise eher ins Restaurant, er macht irgend etwas mit Finanzen. Als die Gruppe am späten Nachmittag an der Tür der Hütte ankam, roch es nach Asche. Komisch, angebrannt war der Kartoffelbrei eigentlich nur am Topfboden.

Beim Abendessen schwärmte Andrea vom Schweizer Käsefondue in einem Restaurant auf Montmartre, Yvonne stocherte lustlos mit der Gabel herum. Ich erzählte eine Geschichte von gebratenen Murmeltieren am Spieß, Carola murmelte etwas wie »Pizzaservice im Tal«, Janina schrie »Nein« und haute mit ihrem Löffel in den Teller. Jonas wischte sich wortlos den Kartoffelbrei von den Brillengläsern.

»Wir müssen morgen etwas richtig Gutes kochen, sonst kippt die Stimmung«, sagte ich, als wir vor dem Schlafengehen noch mal auf den Balkon traten und die funkelnden Sterne über den Dents du Midi inspizierten.

»Hier kriegen wir keine Maultaschen«, antwortete Andrea, die in Konstanz am Bodensee aufgewachsen ist.

»Wildschwein wäre auch nicht schlecht.«

»Lass uns ein Huhn kaufen«, meinte Andrea.

Am nächsten Morgen gingen wir zum Metzger im Dorf und ließen uns ein Angebot machen. Erschüttert gingen wir wieder raus: Für ein Huhn wollte er 15 Euro haben.

Die rettende Idee kam uns, als wir in Avoriaz das Schild »Supermarché Shopi« sahen. Avoriaz ist, wie gesagt, einer dieser französischen Super-Skiorte, man erreicht ihn mit ein paar Liften von Champéry aus, passiert dabei die Grenze vom Wallis zur Haute-Savoie. Dort gibt es schindelbedeckte Hochhäuser, Discos, Kioske, Kleiderläden, Bistrots und eben zwei Supermärkte, die sich direkt per Ski anfahren lassen.

Wir hatten da noch nie hineingeschaut. Drinnen waren wir sofort glücklich: Es gab ein komplettes französisches Sortiment zu akzeptablen Preisen: Feigenkekse, Andouillettes, zerlaufenen Ziegenkäse und andere Spezialitäten. Wir kauften eine Glühbirne mit französischer Sockelfassung für die Pariser Flohmarkt-Lampe, eine Flasche Crémant d'Alsace für den Apéritif sowie zwei preisgünstige Bresse-Hühner und steckten sie in meinen grünen Rucksack. Andrea stibitzte an der Käsetheke ein französisches Fähnchen.

Ich fuhr den halben Tag mit den beiden blinden

und tauben Passagieren im Rucksack, es scheint ihnen nicht geschadet zu haben. Sie wurden vielleicht ein wenig durchgeschüttelt an diesem Tag, aber wir bekamen sie heil über die Grenze nach Champéry.

An diesem Abend kochten wir Coq au vin, zwar mit Dosenchampignons, dennoch gut. Dazu gab es Thymian-Reis. Jonas verzog keine Miene, als Janina »Ja!« schrie und ihren Löffel in den Teller schlug. Die Saucenflecken auf seinem neuen Hemd störten eigentlich gar nicht. Nach dem Essen gab es Schnaps, und irgendwann schlug jemand vor, »Guantanamera« zu singen. Aber das ist eine andere Geschichte.

Pistenmusik

Liegt es an mir, dass mich im Skigebiet Lieder über männliche Geschlechtsteile nur mäßig amüsieren? Die gehen zum Beispiel so:

»Das sind nicht 20 Zentimeter/nie im Leben kleiner Peter/20 Zentimeter sind in Wirklichkeit viel größer// Das kannst du echt vergessen/das hast du dich vermessen/ich sag es kurz und bündig/bei Kurzen da verschwind ich.«

So grölte eine Sängerin mit dem Künstlernamen »Möhre« bereits am frühen Nachmittag auf einer Bühne an der Mittelstation im Skigebiet »Schlick 2000« im Tiroler Stubaital, angetan mit einer Baseballkappe und einer Zotteljacke. Dabei hüpfte sie vor ein paar mächtigen Boxen und winkte mit dem Mikrofon, ihre beiden blonden Zöpfe hüpften mit. Auch das Publikum grölte und hüpfte. Alle schienen sehr vergnügt zu sein.

Ich flüchtete in eine Bar, um eine Apfelschorle zu trinken, als ich in der Ecke einen flackernden Monitor sah. Dort tanzte ein feister Mensch mit Ring im Ohr, einem blonden Ziegenbart, Sonnenbrille auf der Stirn und einem weißen Strickkäppi auf dem Kopf und fing an zu singen:

»Ich bin so stark/und auch so wild/Ich treib es heiß und eisgekühlt/Wippe ich mit dem Gesäß/schrein die Hasen SOS/und nach dem Anton aus Tirol.«

Sogar die Bedienung wippte mit dem Fuß und wackelte mit dem Kopf, als dieser Mensch sein Lied mit den Worten endete: *»Komm her und moch's mit mir/ Mein Tiroler Stier.«*

Benommen beendete ich an diesem Tag meine Recherchen und verzichtete auf einen Besuch der Abendveranstaltung »Disco on Ice – Die rosa Schneeflocken Dance-Party« mit Peter Wackel und dem DJ Gay-Boy. Die These war auch so erhärtet: Die Mallorca-Kultur ist dabei, die österreichischen Alpen zu erobern. Und zumindest die Fachpresse applaudiert. »Ballermann-Stimmung im Tiefschnee!«, rezensierte das Fachmagazin ›Coupé‹ besagte Stubaier Saisoneröffnung. Man muss befürchten, dass ein solches Urteil als Kompliment verstanden wird.

Zugegeben, ich war selber schuld, dass ich mich auf ein so genanntes Ski-Opening ins Stubaital gewagt hatte. Das sind Veranstaltungen, die von verzweifelten Tourismusmanagern ersonnen werden, weil irgend jemand ihnen gesagt hat, solche Events würden die Jugend wieder in die Berge locken. Es gibt ja auch Veranstaltungen fürs reifere Publikum: Die Skiliftgesellschaft Sölden-Hochsölden GmbH etwa ließ einmal ›Hannibal‹ im Schnee inszenieren – mit echten Elefanten, und für die ganz Jungen veranstaltete die Seilbahn Komperdell: »Der Osterhase kommt.«

Zuhause schaute ich ins Internet und entdeckte einen Versandhändler, der für 22,99 Euro eine Sampler-CD mit den »Après-Ski-Hits 2002« anbot, »die Hitlawine mit den absoluten High-lights«. Die angebotenen Soundbites hörte ich mir nicht an, mir genügten die Titel: »Blau von den Bergen kommen wir«, »Superjeile Zick«, »Der Zipfelsong«, »I bin a Schifoara«, »Wer hat den Größten?«, »Geh doch zu Hause du alte Scheiße«.

Ein Besucher der Website hatte im Gästebuch bereits den passenden Kommentar verfasst: »Wer sich das antut, gehört auf Lebenszeit in eine Skihütte verbannt.«

Wenige Wochen später standen wir im Zillertal in Mayrhofen dicht gedrängt in der Schlange an der Gondelbahn, als ein Liftwärter uns die Wartezeit verkürzen wollte. Aus dem Lautsprecher dröhnte: »*Zieh dich aus, kleine Maus, mach dich nackig/Zieh dich aus, kleine Maus ...*« Max – der dreijährige Sohn von Harald und Susanne – wunderte sich: »Aber eine Maus kann sich doch gar nicht ausziehn!« Während Harald in zoologische Erklärungsnöte geriet, versuchte ich das Problem philosophisch zu lösen. Toleranz im Sinne des Philosophen Immanuel Kant, hatte mein alter Deutschlehrer immer gepredigt, heiße gerade nicht, alles gut zu finden, sondern im Gegenteil: Toleranz sei, das zu dulden, was einem zuwider ist. Meinetwegen. Wieso nicht. Ich hatte auch Zeiten, wo ich »Guantanamera« vor mich her summte.

Meine Grenze wurde überschritten, als wir im

Spätwinter ein paar Tage im Kühtai verbrachten. Nach einem schönen sonnigen Skitag wollten wir auf der Kaiser-Maximilian-Hütte einkehren, die oben im Skigebiet liegt. Es war warm, wir saßen fast allein auf der Terrasse und blickten auf die Spitzen der gegenüberliegenden Bergkette, der Horizont färbte sich schon orange. Es war friedlich und schön. Eine Bergdohle saß auf dem Geländer, zu unseren Füßen hatte sich der Hüttenhund schlafen gelegt.

»*Ohrenschmalz, Kragenspeck/Mundgeruch und Nageldreck/Achselschweiß im Überfluss/Fettfrisur und Käsefuß*«, brüllte es plötzlich blechern über die Terrasse. Die Dohle stürzte sich in die Tiefe, der Hund stellte irritiert die Ohren auf, rannte dann um die Ecke. »*Nimm mich jetzt, auch wenn ich stinke/ denn sonst sag ich Winke Winke/und Good Bye/Denn dort drüben an der Lampe/ist auch schon die nächste Schlampe/für mich frei.*«

»Nur weg hier«, meinte Fenn. »Wo ist der Stromschalter?«, fragte Andrea. »Abschießen«, sagte Hans. Ich aber dachte: Manchmal könnte das Donnern einer Lawine die schönste Pistenmusik sein.

Boarderliner

Auf der Piste sind Snowboarder leicht auszumachen, man muss ihnen noch nicht mal auf die Füße schauen. Es sind meist Teenies in zu weiten Hosen und Anoraks, die in viel zu großen Kurven den Hang hinunterfahren. Außerdem scheint es ihnen Freude zu bereiten, einen großen Teil ihrer Zeit auf dem Hintern im Schnee zu sitzen. In der Warteschlange am Lift erkennt man Snowboarder an ihrem leicht humpelnden Gang, wenn sie sich mit dem einen freien Fuß mühsam vorschieben. Wenn sie es dann endlich in den Sessellift geschafft haben, hängen sie dort im Gestänge, lässig wie die Fledermäuse. Manchmal leuchten orangenfarbene oder froschgrüne Haarsträhnen unter grob gestrickten Wollkappen hervor.

Ursprünglich fand ich die Snowboarder mal ganz lustig anzuschauen zwischen all den geschleckt-biederen Sport-Scheck-Familien und den perfekt ausgerüsteten Halbprofis. Nur war es mir schon immer suspekt, dass beide Füße auf einem Brett festgeschnallt werden sollten. Das ist mir zu beengend.

Das Snowboarden hat angeblich auch gewisse skitechnische Vorteile: Unpräparierter Schnee lasse sich auf dem einen Brett leichter durchpflügen, Anfänger täten sich mit ihm leichter als mit den herkömmlichen Skiern – sagt man.

Erste Zweifel an dieser Behauptung kamen mir, als ein Snowboarder auf der Kandahar-Piste von rechts hinten in mich hineinfuhr und mich schmerzhaft zum Sturz brachte. Die Sache mit dem Bremsen hatte er offenbar noch nicht so ganz begriffen. Als ich fluchend meine Wade rieb, meinte er: »Ganz cool bleiben, Alter. O. k.?« Ich war damals 33 und mein Unfallgegner trug einen Nickelring in der Lippe. Das sagte schon vieles.

Spätestens damals wurde mir klar, dass ich nicht mehr zu den ganz Jungen gehöre, und dass es beim Snowboarden weniger um den Sport an sich geht, als um einen Generationenkonflikt und ein kulturelles Konzept. Der eigentliche Grund für die Erfolgsgeschichte der bunten Bretter war natürlich, dass sie all die Dinge versprachen, die Menschen ab 14 wichtig sind: Sex and Drugs and Rock 'n' Roll. Das war die ursprüngliche Idee des Snowboardens: Stell dir vor, es ist Winter, und Kalifornien beginnt im Zillertal.

Es waren tatsächlich amerikanische Wellenreiter, die mit den so genannten »Snurfern« – von Snow und Surfen – Mitte der 60er Jahre die Vorläufer der Snowboards konstruierten. Doch erst Anfang der 80er Jahre schwappte die Snowboard-Begeisterung über den Atlantik bis in die europäischen Alpen. Der Amerikaner Jake Burton hatte erstmals in Vermont wirklich brauchbare Bretter entwickelt, seine Snowboards genießen bis heute Kultstatus.

Anfangs gelang es den Snowboardern sogar, dem traditionellen Pistenwesen lästig zu fallen – weil die jungen Leute sich keine teuren Skiklamotten kauften, weil sie neben den Pisten zu laute Partys feierten, bei denen gelegentlich der Duft von Cannabis über dem Schnee schwebte. Das Gehampel an den Liften störte einige Betreiber dermaßen, dass sie Verbotsschilder aufhängten: »Keine Snowboards«.

So verschufen sie den Fahrern für eine kurze Zeit das gute Gefühl, eine etwas verwegene, aufrührerische Gemeinschaft zu sein. »Wir waren die Outlaws«, schwärmte voller Nostalgie die damals 21-jährige Snowboard-Weltmeisterin Nicola Thost gegenüber der ›Süddeutschen Zeitung‹.

Dabei endete die Rebellion gegen das Skifahrwesen der Eltern spätestens 1995 mit dem Entscheid des Internationalen Olympischen Komitees, Snowboarden als Wettkampfdisziplin anzuerkennen. Bereits zuvor hatten die wenigen verbliebenen Skihersteller auf dem europäischen Markt erkannt, dass die Herstellung von Snowboards die beste Chance ist, den maroden Markt zu sanieren. Häufig unter anderen Namen begann das Oligopol der Skifirmen, die neuen breiten Bretter zu produzieren. Ende der 90er Jahre rutschten bereits vier Millionen Snowboarder über die Pisten der Welt. Sie waren eine Marktmacht geworden.

Die Skigebiete und Wintersportorte überbieten sich mittlerweile darin, mit immer neuen Attraktionen die

Snowboarder anzulocken: mit künstlichen Halfpipes und Snowpartys mit phonstarker Techno-Musik oder Hiphop. Und in den großen Münchner Sportgeschäften werden die Kunden den Winter über mit Regalen und Tischen voller weiter, cooler und teurer Skijacken und -hosen – speziell zum Snowboarden – versorgt.

Eher hilflos erscheint da der Versuch mancher idealistischer Snowboarder, der Kommerzialisierung zu entgehen, indem sie die Boards der großen Skihersteller ablehnen, so als gäbe es moralisch gute und schlechte Bretter.

Vermutlich gilt es als Beitrag zur Traditionspflege, dass zumindest manche Snowboard-Athleten immer noch gelegentlich einen Joint bauen. Bei den Olympischen Winterspielen 1998 im japanischen Nagano fanden Dopingfahnder Spuren von Cannabis im Urin des kanadischen Goldmedaillen-Gewinners Ross Rebagliati – die Medaille wurde ihm nach einiger Diskussion dann doch gelassen.

Promis, Pisten, Politik

Prince Charles mit Anhang wedelt immer wieder in Davos, Naomi Campbell und Laetitia Casta pisteln in Ischgl, ein prominenter deutscher Adliger prügelt seine Fotografen in ausgewählten österreichischen Skiorten, das frisch vermählte niederländische Kronprinzenpaar entschied sich letzten Winter für St. Moritz. In vermischten Meldungen und bunten Blättern lässt sich ausführlichst nachlesen, dass Prominente gerne Ski fahren, und sich noch viel lieber dabei beobachten lassen.

Wieso aber sieht man weder Gerhard Schröder noch Angela Merkel oder Otto Schily je auf Skiern? Edmund Stoiber lässt von sich behaupten, er sei ein begeisterter Skifahrer. Vielleicht war er's mal, vielleicht macht er's im Geheimen zwischen den Tannen von Wildbad Kreuth. Aktuelle Fotos von ihm auf Skiern habe ich noch nicht gesehen. Selbst durchaus stattliche österreichische Spitzenpolitiker küssen lieber die Worldcup-Siegerinnen, als dass sie sich selber auf die Bretter wagen.

Es ist eine der kleinen missachteten Wahrheiten der Public Relations: Die Polit-Prominenz scheut die Pisten.

Nicht, dass sie etwas gegen Sport hätte. Spitzen-Politiker müssen schon deshalb fit sein, um ihre

80-Stunden-Wochen durchzustehen, außerdem zeigt ein sporttreibender Abgeordneter oder Minister seine Ausdauer, Belastbarkeit, Naturverbundenheit. Joschka Fischer erlief sich mit seinen Marathons einen flachen Bauch und die Aufmerksamkeit neuer Wählerschichten, Jürgen Möllemanns Fallschirmsprünge gelten als Meilensteine der Selbstvermarktung und auch über Rudolf Scharpings Rennradtouren berichtete die Presse meist wohlwollend – naja –, bis er mal verunglückte.

Das ist der Punkt.

Skifahren ist in der Regel nicht wirklich gefährlich, verglichen etwa mit Fallschirmspringen oder Bergsteigen, was etwa Heiner Geißler exzessiv betrieb. Aber man macht relativ schnell eine blöde Figur, wenn man erst Skifahren lernt oder wenn man stürzt. Die Spitzenpolitiker haben Angst vor den Fotos, die man von ihnen machen könnte.

So müssen die Alpträume von Pressereferenten aussehen: Der Wirtschaftsminister im Schneepflug, Bildunterschrift: »Übt noch.« Der Kanzler, zerlegt im Tiefschnee: »Aufschwung gescheitert.« Helmut Kohl mit dunkler Sonnenbrille und Ohrenschützern: »Ich halte mein Ehrenwort.« Westerwelle beim Wedeln: »FDP: Immer flexibel bleiben.« Ganze Bildarchive könnten von den Motiven leben.

Wer weiß, vielleicht gibt es ja irgendwo ein kleines abgelegenes Skigebiet, wo die Berliner Politprominenz ungestört auf die Piste geht? Vielleicht mietet der Bundestag gelegentlich eine Skihalle im Ruhrgebiet?

Paparazzi, legt euch auf die Lauer!

Ein neuer Eiskönig

Stell dir vor, es ist Winter und niemand will Ski fahren. Kommt ja vor, sogar im schönsten Alpendorf: Nebel auf der Piste, Sturm am Gipfel, Seilbahn ausgefallen, Schnee ausgeblieben. Das ist dann die Bewährungsprobe für den Ort.

Vergleichsweise leicht haben es in dieser Situation jene Luxusdestinationen, wo das Skifahren sowieso eher Vorwand ist – Ascona etwa oder St. Moritz. Bei schlechtem Wetter können die Reichen und die Schönen erst recht ihre Pelzmäntel ausführen, um die Zeit bis zum Après-Ski zu überbrücken.

Ernsthafte Probleme bekommen eher jene Orte, wo die Gäste wirklich vor allem wegen des Skifahrens kommen. Angesichts des schmelzenden Schnees setzen immer mehr Wintersportorte ironischerweise auf die Attraktionen warmen Wassers: Ein Spaßbad mit Wasserrutschen, Sprudelbecken und Sauna gehört mittlerweile fast schon zum Standardangebot von ernsthaften Wintersportorten. Außerdem gibt es dann noch Eisstockschießen. Das ist eine seltsame, eher gemütliche Sportart, von der der Deutsche Eisstockverband behauptet, sie werde sogar in Afrika betrieben.

Mein Bekannter Frank hatte sich im nicht mehr ganz jugendlichen Alter von 35 Jahren entschieden, dass er doch noch das Skifahren erlernen wollte. Erst vor kurzem der Arbeit wegen von Hamburg nach München gezogen, glaubte er mir sofort, dass Skifahren in den Alpen mindestens so gut sei wie Segeln in der Nordsee. Nachdem wir gemeinsam im Winterschlussverkauf ein Paar günstige Carver und eine blaue Gore-Tex-Skijacke erstanden hatten, gingen wir nun also morgens um zehn zur Talstation an der Axamer Lizum. Frank wollte zu seinem Anfänger-Skikurs, ich wollte ein paar Abfahrten machen und ließ Frank allein: Vom Himmel fiel ein grauer Schneeregen, der Sessellift verschwand nach ein paar Masten in einer grauen Nebelsuppe. Bereits als ich an der Bergstation ausstieg, hatte ich mich entschlossen, dass die erste Abfahrt für heute zugleich die letzte sein sollte.

Unten angekommen, entdeckte ich Frank, der erbost mit einem Skilehrer diskutierte.

»Ich hab den Kurs bezahlt«, sagte Frank.

»Schaun S' sich halt das Wetter an«, entgegnete der Skilehrer.

»Dafür geb ich meinen Urlaub her . . .«

Wie sich herausstellte, waren alle anderen erwarteten Schüler gar nicht erst zum Skischulsammelplatz gekommen. Folglich war der Kurs wegen mangelnder Teilnehmerzahl abgesagt worden. Wetterpech eben.

»Lass uns ins Schwimmbad gehen«, schlug ich vor.

»Ich bin nicht zum Schwimmen in die Berge gefahren«, sagte Frank und stapfte davon. Graue Schneeflocken schmolzen zwischen seinen blonden Haaren.

Als ich im Whirlpool meine Zehen ausstreckte, fragte ich mich, was Frank wohl gerade machte.

Ich traf ihn erst am nächsten Morgen wieder, im Frühstücksraum des kleinen Hotels, wo wir uns für die Woche eingemietet hatten. Er trug einen Verband um den Kopf und blickte unglücklich in sein Müsli.

»Frank, . . .?«

»Das Bremsen, der Baum.«

Wie sich herausstellte, war Frank kurzentschlossen als blutiger Anfänger und trotz des Nebels alleine losgefahren und hatte dann versehentlich gleich die rote Piste gewählt, die mit der Kurve im Bergwald. Es hätte schlimmer kommen können.

Das Wetter hatte mittlerweile aufgeklart, Sonnenstrahlen brachen wie Scheinwerfer durch vereinzelte blaue Fenster in der Wolkendecke. Frank meinte trotzig: »Ich bleibe heute unten.«

Der Tag war nicht schlecht. In den oberen Lagen gab's gerade genügend Schnee und das mittelprächtige Wetter hatte die Tagesausflügler abgeschreckt. An keinem Lift musste ich anstehen. Als ich gegen vier Uhr nachmittags ins Tal fuhr, hatte ich viele Höhenkilometer hinter mich gebracht. Es war ein ordentlicher Skitag geworden.

Als ich meine Ski am Hotel abstellte, sah ich an der benachbarten Eisbahn einen blauen Anorak aufleuchten. Ich ging näher und guckte verstohlen über die Absperrung. Tatsächlich: Frank nahm gerade ein paar Schritte Anlauf, ging in die Knie und schleuderte dann eine Art Gummitorte mit Haltegriff übers Feld. Aus dem Beifall der Umstehenden schloss ich, dass es ein guter Wurf gewesen sein musste. Eisstockschießen?

Beim Abendessen setzte sich ein strahlender Frank zu mir. »Weißt du, Christian, ich hab jetzt meinen Sport gefunden.« Naja, irgendwann machte Frank dann noch seinen Anfänger-Skikurs, doch so richtig wurde das nichts mehr mit dem Skifahren. Bereits in der nächsten Saison stellte Frank die ersten blechernen Pokale in die Regale seines Wohnzimmers: Frank war ein Eisstock-Wettkämpfer geworden, seine Kameraden im Verein nannten ihn »Eiskönig«.

Hemsedal

Als der Arzt dem 43-jährigen Tom »Tommen« Bjerknaes seinen nahenden Tod ankündigte, befand dieser, es sei an der Zeit, das Snowboarden zu erlernen. Er beendete von einem Tag auf den anderen seine Drogenkarriere, hob seine letzten Ersparnisse ab und kaufte sich einen gebrauchten VW-Bus. Dann fuhr er gemeinsam mit seinen zwei Collie-Hunden ins Gebirge.

Er fuhr vorbei an zugefrorenen Fjorden und vereisten Birken, an einsamen zugeschneiten Hügellandschaften. Schließlich kam er zu einem riesigen, blau erstarrten Wasserfall, der den Ortseingang vom Hemsedal markiert. Tommen hielt an und bewunderte die für skandinavische Verhältnisse steilen Hänge der Hardangervidda. Hier wollte er bleiben.

Zwei frostige norwegische Winter lang lebte Tommen in seinem rostigen Bus, ernährte sich von Küchenabfällen und widmete sich dem Snowboarden, bevor er sich durch Gelegenheitsarbeiten ein kleines Appartement leisten konnte. Mittlerweile ist er über fünfzig Jahre alt, ausgemergelt, trägt langes graues Haar und einen grauen Bart bis zur Brust, aber die Bewohner und Besucher von Hemsedal mögen ihn, so wie sie alle mögen, die das Skifahren ernst nehmen. Die Snowboarder verehren ihn als eine Art Schutzheiligen.

Natürlich kann Hemsedal nicht mit den Alpen mithalten, die längste Abfahrt im Skigebiet – eine der längsten in Skandinavien – geht über einen Höhenunterschied von 810 Metern, und selbst die zwei schwarzen Pisten sind ziemlich zahm. Was soll man schon von einem Berg befürchten, der den Namen »Totten« trägt und gerade mal 1500 Meter hoch ist? In Hemsedal stehen eher große Hügel, die so tun als seien sie Berge – weiß gepuderte Gugelhupfe.

Es ist gar nicht so leicht, selbst einem begeisterten alpinen Skifahrer zu erklären, wieso es sich trotzdem lohnt, in Norwegen abzufahren. Zumal auch die Preise abschrecken: Für eine große Pizza im »Hemsedal Café« kann man 20 Euro hinlegen, für eine Flasche einfachen Wein in einem guten Restaurant 30 Euro. Am besten ernährt man sich von tiefgefrorenem Lachs. Und die Anfahrt von Deutschland ist langwierig. Von Süddeutschland aus muss man erst nach Oslo fliegen, Norddeutsche setzen mit der Fähre über, und dann fährt man am besten mit einem Mietwagen auf den Spuren von Bjerknaes die etwa 250 Kilometer nach Nordwesten bis nach Hemsedal.

Aber das macht eben den Wintersport in Norwegen aus. Er wird ernster genommen als in Europa. Das Skifahren ist nie nur Vorwand für einen Aufenthalt in den Bergen, sondern dessen zentraler Inhalt. Zwar gibt es gerade auch in Hemsedal eine »After Ski«-Szene mit Kneipen und Diskotheken. Die aber leeren sich am Abend schon gegen 23 Uhr. Schließlich will man

sich wieder pünktlich um neun am nächsten Morgen an den Liften anstellen, was man hier in Norwegen ohnehin sehr viel disziplinierter tut als in den Alpen. Selbst die Liftwärter begrüßen jeden Skifahrer am Morgen mit einem freundlichen »Hej« – nach ein paar Tagen kennt man ohnehin jeden in dem kleinen Gebiet mit insgesamt nur 42 Kilometern Piste.

Den größten Unterschied zu den Alpen erlebt man aber, wenn man zur höchsten Kuppe des Skigebietes fährt und um sich schaut. Der Blick fällt in weite Wildnis, wie ein sanft gewelltes Schneemeer erstreckt sich einsam die Hochebene der Hardangervidda. Höchstens ein Rentier schaut mal vorbei. Keine Schlucht, kein Abgrund versperrt den Weg, dennoch wirkt die Landschaft wilder und einsamer als jedes alpine Gebiet.

Wer wollte, könnte von hier aus mit Touren- oder Telemark-Skiern tagelange Skitouren unternehmen, so wie früher die Erfinder der Birkenbeine. Man könnte mit Zelt und Daunenschlafsack übernachten und beim Schein einer Gaslampe dicke Romane lesen. Denn in Skandinavien wird es im Winter schon früh am Nachmittag dunkel und dann sehr, sehr kalt.

Am schönsten fand ich es in Hemsedal, als eines Tages ein Schneesturm kam. Schon am Morgen rüttelte der Wind dermaßen an den Drahtseilen, dass die Sesselbahnen im oberen Teil des Skigebietes aus Sicherheitsgründen abgestellt wurden.

Ich schnallte die Felle an meine Tourenskier, um mit eigener Kraft auf die Gipfelkuppe zu laufen. In langen Bögen, am Steilhang dann in engen Spitzkehren, lief ich parallel zur Lifttrasse nach oben. Windböen stöberten den Schnee auf, Windhosen wirbelten wie weiße Gespenster quer über die Hänge. Der Unterschied zwischen Boden und Himmel verschwand im Schneegestöber.

Der Sturm blies so stark, dass ich nur mit gesenktem Oberkörper vorankam. Kleine Eiskristalle schossen mir wie gefrorene Nadeln ins Gesicht. Ich kam mir vor wie Fridtjof Nansen in Grönland und fühlte mich wohl und frei und dachte so etwas wie: »Jetzt lebe ich.«

Ich fand es schade, als die Skiwoche in Hemsedal vorbei war, und war ein wenig neidisch auf Tom Bjerknaes, der noch viele Skitage vor sich hatte. Selbst wenn am 1. Mai die Lifte von Hemsedal abgeschaltet werden, so hab ich mir sagen lassen, stapft Tom Bjerknaes weiter zu Fuß auf die Hügel der Hardangervidda und sucht nach den letzten Resten von Schnee. Das scheint ihn vor dem Tod zu bewahren.

Der Eigensinn der Lawinen

Der Bergführer hieß Gerd und sah aus wie Rübezahl, ich vertraute ihm blind. Gerd war irgendwo in den Vierzigern, durchtrainiert bis in die letzte Muskelfaser, hager, drahtig, braungebrannt. Kühne Augen blitzten kompetent unter einer Schiebermütze aus rotem Filz hervor, dazwischen eine Prachtnase. Immerhin war es ihm peinlich, als etwa hundert Meter hinter unserer Gruppe ein Schneebrett über die Spur donnerte. Er brüllte: »Schnell! Weg! Abstand halten!«

Die Lawine war nicht wirklich überraschend gekommen. Die ganze Nacht hatte es auf eisigen Untergrund geschneit, harter Wind pfiff über die Dachkanten der Essener-Rostocker-Hütte in den Hohen Tauern. Am Morgen hatte der Hüttenwart das Fax mit dem Lagebericht ausgehängt: Die Experten des amtlichen Lawinenwarndienstes hatten Warnstufe 4 – also »große Lawinengefahr« – auf der fünfteiligen Skala ausgerufen. Aber unsere Gruppe wollte nicht in der Hütte herumhängen, waren wir doch extra nach Österreich gereist, um sechs Tage lang zu lernen, wie man Skihochtouren geht. Außerdem war da ja der Gerd.

Lawinen fordern jedes Jahr um die 150 Menschenleben in den Alpen. Und es ist ein beliebtes Spiel unter Skitourengehern, diese Zahl mit den Verkehrstoten zu vergleichen, allein in Deutschland jährlich weit über 6000. Aber wenn man diese Zahl mit den gefahrenen Kilometern vergleichen könnte, würden einige Tourengeher nachdenklicher werden

Die meisten Alpentouristen ahnen gar nicht, welcher Aufwand getrieben wird, um wenigstens die Bergdörfer, Straßen und Skipisten weitgehend lawinensicher zu halten. Hunderte von Meteorologen, Geografen, Ingenieuren und Technikern arbeiten daran, die Illusion aufrechtzuerhalten, die Alpen seien so etwas wie ein Freizeitpark. Tatsächlich sind sie immer noch eine Wildnis und ihre Gefahren werden mit militärischen Mitteln bekämpft.

»Im Zweifel hilft nur Gewalt«, erklärte mir Paul Föhn, der beim berühmten Eidgenössischen Institut für Schnee- und Lawinenforschung (SLF) im Schweizer Davos die Abteilung »Schneedecke und Lawinenbildung« leitet. Allein in der Schweiz sorgen jährlich rund 70 000 Kilogramm Dynamit für freie Fahrt. Sprengmeister fliegen mit Helikoptern unzugängliche Hänge an, mit Panzerfäusten schießen sie verdächtige Wächten ab, meist am frühen Morgen, wenn noch niemand unterwegs ist. Ein dumpfer Knall verkündet dann den Schläfern im Tal, dass der Waffenstillstand mal wieder gebrochen wurde. »Im Winter herrscht Krieg in den Alpen«, erläutert ein Mitarbeiter Föhns. Nur abgeschossener Schnee ist harmloser Schnee.

Dabei ist das Abschießen kein großes Problem. Die

eigentliche Kunst besteht darin, vorauszusagen, wann und wo die Lawinen möglicherweise abgehen werden.

Der dem SLF angegliederte Schweizer Lawinenwarndienst hat seinen Sitz auf 2540 Meter Höhe direkt am Weißfluhjoch. Man erreicht es mit der gleichen Zahnradbahn, die den ganzen Tag über die Skiläufer auf die Pisten befördert. In einem separaten Gebäude neben der Bergstation befindet sich die bestens ausgestattete Forschungsstation und der zentrale Lawinenwarnraum. Vor allzu überzogenen Erwartungen warnt ein Zettel, den ein Witzbold an die Tür gehängt hat: »Erstaunlich sind nicht die falschen Prognosen, sondern die richtigen.« Aber man tut sein Bestes.

Das kühle Objekt forschender Neugier gleicht einem zum Pflasterstein gefrorenen Stück Pech und steckt in einer Milchtüte der Molkerei Davos. SLF-Mitarbeiter Stephan Frutiger hat den Klotz aus dem Versuchsfeld unterhalb des Institutsgebäudes gesägt und die Hohlräume mit schwarzer Phthalsäure ausgegossen. Nun sitzt er im roten Daunenanzug bei −13 Grad Celsius im Kältelabor, Filter holen den Staub aus der Luft, die Fenster sind aluverkleidet. Der präparierte Schnee ist in einem Mikrotom eingespannt, einem Gerät, mit dem Pathologen Gewebe in feinste Schnitte zerlegen. Frutiger schneidet Schichten vom Schnee.

Schwarz auf weiß zeigt ein Monitor über ein angeschlossenes Mikroskop die Kornstruktur der Schneeschicht. Nur in der ursprünglichen Form sind Schneekristalle sechseckige Sterne von zerbrechlicher Schönheit. Schon bei wenig erhöhter Temperatur schmelzen sie zu einer kompakten Schicht zusammen. Steigt Wasserdampf vom wärmeren Boden auf, kondensiert er an den kälteren Schichten. Es bildet sich Schwimmschnee aus großen, kantigen Becherkristallen. Sie wirken als Kugellager, auf dem ein Schneebrett wie eine Lokomotive zu Tal rasen kann – so wie wir es in den Hohen Tauern mit dem Gerd erlebt hatten.

»Wenn wir die Lawinen verstehen wollen, müssen wir die Metamorphose des Schnees verfolgen«, sagt Paul Föhn, der aussieht wie ein braungebrannter Bergführer. Mit ausgefuchsten Methoden blicken die SLF-Forscher unter die Schneedecke, mit RhodaminFarbstoff färben sie Wasser und beobachten die Sickerbewegungen, am Computer simulieren sie den Temperaturverlauf in der Schneedecke. Mit druckempfindlichen Messsonden stochern die Schneeforscher nach gefährlichen Schwachschichten. Anderswo versuchen Komplexitätstheoretiker mithilfe anspruchsvoller Mathematik zu beschreiben, wie ein Haufen interagierender Systeme – wie es die Milliarden Schneekristalle sind – in einen kritischen Zustand geraten. Im Schweizer Kanton Wallis betreiben Wissenschaftler ein Testgelände, wo Lawinen in Lebensgröße künstlich ausgelöst werden können.

Doch der Ansturm der Wissenschaft hat eher zu

neuer Unsicherheit geführt, zeigte doch alle Forschung, dass die Schneedecke viel komplexer und somit gefährlicher für den Menschen ist, als man früher dachte. So galt bislang vielen Alpinisten der Sprung mit Skiern auf ein ausgefrästes Schneetrapez als sicherer Test für die Stabilität eines Hanges. Rutscht der Keil, kehrt man besser um; bleibt er stehen, ist alles in Ordnung. Die neuen großflächigen Untersuchungen und zahlreiche Unfallanalysen haben ergeben, dass es in jedem Hang Inseln der Instabilität geben kann.

Zurzeit trifft das tägliche Lawinenbulletin mit bis zu 70 Prozent Zuverlässigkeit die richtige Gefahrenstufe. Im Davoser Lawinenwarnraum laufen jeden Morgen die Berichte von 80 Beobachtern ein, automatische Messstationen funken stündlich Schnee- und Wetterdaten. Mit immer größerem Aufwand wird die Prognosegenauigkeit noch um ein paar Punkte gesteigert. In Zukunft will man detaillierte Warnkarten erstellen, auf denen die Gefahrensituation jedes einzelnen Hanges eingezeichnet ist.

Paul Föhn bleibt skeptisch. »Die Einzellawine ist viel zu eigensinnig.« Völlige Sicherheit wird nie möglich sein, und vielleicht sollte zu denken geben, dass manche Angestellte der Lawinenwarte auf dem Weißfluhjoch ganz von den Skiern umgestiegen sind. Nach Dienstschluss fliegen sie mit Gleitschirmen hinunter ins Tal zu ihren Häusern in Davos.

Keine Abfahrt vom Zauberberg

Kein Literaturwissenschaftler kann mir erklären, wieso es den großen Skiroman noch nicht gibt. Es findet sich nicht einmal eine Dissertation zum Thema, und das will was heißen – heutzutage habilitieren sich Germanisten sogar über Möbelkataloge. Kaum eine Kurzgeschichte zum Skifahren findet sich in der deutschen Literatur, geschweige denn ein Gedicht.

Mich wundert das. Das Segeln hat bereits Homer in der Odyssee thematisiert, über Pferderennen produziert der englische Schriftsteller Dick Francis einen Krimi nach dem anderen. Bergsteigerromane gab es bereits vor Reinhold Messner in Hülle und Fülle. Lediglich Ernest Hemingway hat mal ein paar Seiten über seine Skitouren in der österreichischen Silvretta verfasst, aber dann ging er doch wieder auf Großwildjagd nach Tansania und schrieb über den ›Schnee auf dem Kilimandscharo‹, wo der Schnee aber nur eine sehr untergeordnete Rolle spielt.

Niemand schreibt über das Skifahren.

Sogar Fußball ist in den letzten Jahren intellektuell gesellschaftsfähig geworden, nachdem Peter Handke das viel zitierte, aber wenig gelesene Werk ›Die Angst des Tormanns beim Elfmeter‹ geschrieben hatte. Der Tübinger Rhetoriker Walter Jens gab daraufhin regelmäßig Interviews über die verkommene Moral der

deutschen Fußball-Nationalmannschaft. Der österreichische Kabarettist Werner Schneyder kommentierte gar regelmäßig Boxkämpfe im Fernsehen. Wieso kommentiert er keine Skirennen?

Ich vermute, dass Thomas Mann an vielem schuld ist. Er fuhr ja mit seiner Familie regelmäßig in den Winterurlaub, schaffte es gar bis nach Davos im Schweizer Engadin. Doch dann handelte sein großer Roman trotz des schönen Titels ›Der Zauberberg‹ von Tuberkulose-Kranken in dem Luftkurort statt vom Skifahren. Hätte Mann von seinen Pistenerlebnissen berichtet, bestimmt wäre eine ganze Tradition von Ski- und Anti-Skiliteratur entstanden. Bert Brecht hätte dann womöglich für das gemeinsame Rodeln agitiert, Günter Grass über Schneeschuhe in Pommern berichtet und Peter Handke ein Traktat verfasst: ›Versuch über das Kurven‹. Schade, dass Johann Wolfgang von Goethe das Skifahren noch nicht kannte. Der hatte schließlich schon das Schlittschuhlaufen in Weimar eingeführt und wäre in seinen jungen Jahren in Straßburg bestimmt nicht davor zurückgeschreckt, in den nahe gelegenen Vogesen auf Piste zu gehen.

Vor einiger Zeit veröffentlichte die ›Frankfurter Allgemeine Zeitung‹ Aufzeichnungen der Schriftsteller-Tochter Elisabeth Mann-Borgese, die etwas Licht ins literaturhistorische Dunkel bringen. Demnach hatte Thomas Mann gegen 1925 in der Nähe des bayerischen Klosters Ettal tatsächlich mal versucht, das Skifahren zu erlernen, »war aber nach den ersten zehn Schritten, noch ehe wir den Babyhügel erreicht hatten, sehr verärgert wieder umgekehrt. Das war nun gar nichts für ihn«, berichtet Tochter Elisabeth.

Deshalb sei sie auch so skeptisch gewesen, als ihr Hermann Hesse bei einem Zusammentreffen der beiden Großschriftstellerfamilien in St. Moritz vorschlug, zusammen Ski zu fahren. »Wenn er ein guter Schriftsteller ist, kann er nicht gut Ski fahren, dachte ich mir. Denn mein Vater, von dem ich wusste, dass er ein großer Schriftsteller ist, konnte es absolut nicht.«

Elisabeth hatte sich in Hesse gründlich getäuscht, erzählt sie: »Ich sehe ihn noch vor mir, seine magere Figur in seinem dunkelblauen Skianzug mit den norwegischen Wickelgamaschen auf seinen sehr langen Skiern, wie er in eleganten Telemark-Serpentinen durch den frischen Tiefschnee die steilen Hänge hinunterglitt.«

Aber auch Hermann Hesse schrieb seltsamerweise nie einen bedeutenden Skiroman. Es wäre bestimmt ein Bestseller geworden: ›Siddhartha im Schnee‹, Ski und Buddhismus, Nirwana im Pulver – eine Marktlücke.

Vielleicht wäre das eine Anregung für die Fremdenverkehrsämter und Marketingdirektoren in den Al-

pen. Sie sollten nach dem Vorbild vieler deutscher Kleinstädte die Institution eines Stadtschreibers schaffen: Der auserwählte Stipendiat bekommt ein Jahr lang Kost und Logis in einer Berghütte, einen Saison-Pass fürs Skigebiet, und dann soll er halt ein paar Seiten schreiben übers Skifahren.

Die Angst vor der Temperatur

Das erste Opfer entdeckte ich auf einer Wiese nahe Seefeld in Tirol. Ein alter Skilift lag hingestreckt wie das Gerippe eines Walfisches, der versehentlich ins Gebirge geschwommen und auf der grünen Alm verendet war. Die Seile hingen müde von schiefen Masten, Rost wucherte über Metall. Ein lauer Wind blies die letzten Schneeflecken weg. Dabei war es erst März, früher war um diese Zeit fast noch Hochsaison.

Natürlich kann das Zufall sein. Was bedeuten schon eine Hand voll schneearmer Winter? Das Klima schwankt in Jahrhunderten oder Jahrtausenden, warnen die Skeptiker. Regionale Variationen sind kaum kalkulierbar. Und das Gedächtnis trügt. Wer genau nachdenkt, erinnert sich auch an die kratzigen weißen und blauen Plastikmatten, mit denen die Pistenwärter früher die offenen Stellen auf den Pisten abdeckten. Und gab es nicht erst vergangenen Dezember übermäßig viel Schnee, als Lawinen ganze Täler für Tage von der Außenwelt abschnitten?

Insgeheim studieren alle Tourismusdirektoren und Liftbetreiber die Expertisen der Klimatologen und Geografen, und die stimmen pessimistisch. Nach neuesten Schätzungen wird sich die Grenze der Schneesicherheit im Alpenraum von derzeit 1200 auf 1800 Meter Höhe verschieben. Als schneesicher und damit

ökonomisch tragfähig gilt ein Gebiet nur dann, wenn an mindestens 100 Tagen genügend Schnee für den Wintersport liegt. Ob das nun an einem »menschengemachten« Treibhauseffekt liegt oder eine Laune der Natur ist, bleibt sich letztlich gleich: Vielerorts wird der Schnee knapp. Zumindest die Angst der Schneewarte vor der Temperatur ist real.

Auf dieser Angst basiert das Geschäft der Schneekanonen-Hersteller, die immer mehr ihrer Geräte verkaufen. Vor zehn Jahren gab es etwa in ganz Bayern nur elf Schneekanonen, mittlerweile feuern an die hundert Geräte künstlichen Schnee auf grüne Pisten. Und auch die Haltung der Betreiber hat sich geändert. Früher beschneite man die grünen Stellen eher verschämt in der Nacht. Heute verkünden einige Skigebiete dreist und stolz: »Wir machen unseren Schnee selbst!«

Die kleinen Familienskigebiete im Schwarzwald, dem Harz und in den bayerischen Voralpen leiden bereits. Wer fährt schon gerne auf weißen Bändern über grüne Hänge? Zudem ist Kanonenschnee kein Allheilmittel. Die heutigen Geräte funktionieren nur, solange es nicht wärmer wird als minus fünf Grad Celsius. In den USA, der Schweiz, Frankreich und Teilen Italiens mischen die Schneemacher deshalb spezielle abgetötete Bakterien ins Wasser, um dessen Gefriertemperatur heraufzusetzen. In Deutschland und Österreich sind solche Zusätze noch verboten.

Zum Verdruss der Wintersportindustrie führt der schmelzende Schnee in den tiefen Lagen nicht dazu, dass automatisch mehr Skifahrer ins Hochgebirge drängen. Im Gegenteil: Früher konnten Eltern leichter mal am Wochenende ihren Kindern die ersten Schwünge beibringen, oder sie gar unter der Woche alleine auf die Piste schicken. Wenn aber diese kleinen Skigebiete keinen Schnee mehr haben, bleibt nur der richtige große Skiurlaub in den Alpen, um das Skifahren zu erlernen. Das ist häufig unbefriedigend, denn man muss als Anfänger mindestens ein bis zwei Wochen üben, bevor das Skifahren richtig Spaß macht. Immer weniger Wintertouristen sind dazu bereit.

Trotz stagnierender und regional sogar sinkender Skifahrerzahlen werden die Liftkapazitäten weiter ausgebaut. Wie Angsttriebe wachsen derzeit überall in den Alpen neue Lifte und Sesselbahnen in die Höhe – nicht wegen des Ansturms der Touristen, sondern eben: um die abnehmenden Massen mit möglichst großen Skigebieten und sicherem Schnee von konkurrierenden Gebieten abzuwerben. Den Schnee von morgen werden die Skifahrer jedenfalls in den Höhen finden, so wie jetzt schon in den Gletschergebieten der Schweiz und Österreichs – über 3000 Metern ist die Schneewelt noch einigermaßen in Ordnung.

Mit Quietschen und Schleifen rast die schnellste Berg-U-Bahn der Welt durch den engen Felstunnel

hoch zum Pitztaler Gletscher. Die meisten Fahrgäste schweigen und fühlen sich etwas beklommen. »Heiß hier«, ächzt ein schnauzbärtiger Mittvierziger im roten Skioverall und wischt sich eine Schweißperle von der Stirn. Es ist ein warmer Märztag und unten im Tal, neben dem Parkplatz, haben sich schon mal ein paar vorwitzige Krokusse an die Luft gewagt.

Auf 2860 Meter kommt der Zug langsam zu stehen und entlässt die Fahrgäste in die Betonburg der Bergstation, die in den Fels gebaut ist, direkt neben dem Selbstbedienungs-Restaurant »Kristall«. Von hier aus geht eine Gondelbahn noch mal höher zum Hinteren Brunnenkogel auf 3440 Meter, von dem aus man die gesamten Ötztaler Alpen überblickt. Früher erreichten solche Höhen nur ambitionierte Skibergsteiger.

Die achtminütige Fahrt mit der Berg-U-Bahn ist eine Reise in die Zukunft des Skitourismus. Denn hier auf dem Gletscher wird es noch Schnee geben, wenn in den Tälern die Lifte rosten und die Menschen schwitzen.

Nicht, dass man sich völlig sicher wäre: Direkt neben der Liftstation stehen auch hier die Schneekanonen bereit.

Großer Geiger

Ostern war nah und der Himmel war hoch. Sogar in den schneereichen Hohen Tauern in Osttirol hatte sich der Schnee bereits weit nach oben zurückgezogen. Wir mussten die Skiausrüstung zusammen mit der Hochtourenausrüstung die 800 Höhenmeter hoch zur Essener-Rostocker-Hütte schleppen: Pickel, Schaufel, Steigeisen, Piepser, Klettergurte und Seil, an die 15 Kilogramm Gewicht, mit Skischuhen an den Füßen. Wir wollten am nächsten Morgen auf den Großen Geiger.

Robert setzte mit einem Ächzen seinen Rucksack auf und fragte: »Sag mal, warum machen wir das eigentlich?« Ich zuckte mit den Schultern. »Hätten wir in München bleiben sollen?«

Der Weg war leichter als erwartet. Wir waren froh, dass wir uns in dem steilen, engen Zugangstal aufgrund des knappen Schnees keine Sorgen mehr um Lawinen machen mussten. Im Winter hatten hier zwei Schneebretter den Bergwald durchschlagen und gewaltige Schneisen hinterlassen. Bergkiefern lagen wie umgeknickte Streichhölzer da, vorsichtig kletterten wir über den Lawinenkegel, ein Schutthaufen aus Schneegeröll, bestreuselt mit Tannennadeln und aufgewehter Erde. An einer Biegung des Weges, wo die Grasnarbe aufgerissen war, fand ich einen daumen-

großen Bergkristall, der von einem Riss durchzogen war. Ich steckte ihn ein.

Den Schnee erreichten wir erst nach knapp zwei Stunden, so auf knapp 2000 Meter, wo den Bäumen die Luft ausgeht. Es waren schon andere Leute vor uns gegangen, so dass wir nur der Spur folgen mussten, sie war hart und eisig. Nebel stieg auf. Wir schnallten Ski und Felle an und liefen hastig los, schräg über weite Hänge. Wir redeten nicht.

Ich hatte mir vor kurzem neue Tourenski gekauft, wendige, gelbe Carver mit einer modernen Bindung. Mit dieser neuen Steighilfe konnte ich den Berg ziemlich steil angehen. Der Aufstieg ist immer nur am Anfang mühsam. Wenn man es ruhig angeht, kommt man nach einer Weile in einen gleichmäßigen Rhythmus, der einen beinahe automatisch voranschiebt. In Spitzkehren stiegen wir einen letzten steilen Hang hoch und erreichten die Hütte noch vor der Dämmerung. Einsam knatterte eine Fahne auf der verwaisten Sonnenterrasse.

Die Betten hatten wir reserviert, doch es war ohnehin nur wenig los. Die Gipfelsammler besteigen in den Hohen Tauern den Großvenediger, den höchsten Berg in der Region. Dafür wird der Große Geiger selten begangen. Das war uns recht. Wir hatten keine Lust auf Massen.

Der Hüttenwirt warnte uns vor dem Gletscher: »Ihr wisst, dass sich dort ein Bergführer im letzten Jahr totgestürzt hat.«

In der Nacht schlief ich unruhig. Es war unsere erste Hochtour ohne Bergführer, außerdem waren wir nur zu zweit.

Vor der Morgendämmerung brachen wir auf. In der frühen Kälte ist der Schnee noch fest und die Brücken über den Spalten halten besser. Als die Sonne im Osten über den Horizont hervorspähte, hatten wir den langen Hatscher durchs Hochtal bereits hinter uns und näherten uns dem Gletscher. Wir legten die Klettergurte an und seilten uns mit etwa 30 Meter Abstand an. So war die Chance am größten, uns bei einem Spaltensturz gegenseitig halten zu können. In den Bergsteiger-Kursen empfehlen sie einem immer, mindestens zu dritt zu gehen, aber Hans hatte am Freitagabend abgesagt.

Der Hang wurde steiler, wir atmeten schwerer. Wir kamen an gähnenden Spalten vorbei, manchmal schimmerte es dunkel zu unseren Füßen. Unterdessen weitete sich der Horizont, unser Blick wanderte in die Ferne. Hunderte Gipfel streckten sich durch den Dunst hindurch zum Himmel, und ich beschloss, das alles einfach mal großartig zu finden. Kitschig wird eine Landschaft erst, wenn man sie fotografiert.

Nach dem Steilhang erreichten wir eine weitläufige, flache Stufe, an deren Ende sich der Gipfel des Großen Geigers erhob. Der sah aus wie ein Zuckerhut, wir liefen sozusagen auf seiner Krempe. Eine letzte etwas heikle Stelle war die Randkluft des Gletschers.

So heißt diese häufig tiefe Spalte, die meist dort entsteht, wo ein Gletscher an den Berg stößt und der wärmere Fels das Eis wegschmilzt. Wir entdeckten jedoch eine gangbare Schneebrücke, überwanden die Randkluft und suchten uns ein Skidepot.

Die letzten hundert Höhenmeter mussten wir mit Steigeisen und Pickel bewältigen, das Seil ließen wir an einem Depot. Der Gipfelaufbau war so steil, dass einer den anderen eh nicht hätte halten können. Doch es war andererseits auch kein Klettergelände, wo man notwendigerweise Sicherungen legen musste und dann nur äußerst langsam vorankommen würde. Abgesehen davon hatten wir sowieso keine Eisschrauben dabei.

Vorsichtig setzten wir Fuß um Fuß voran, den Pickel an der Bergseite, bereit, ihn bei einem Sturz in die Wand zu hauen, um uns an ihm zu halten. Habe ich eigentlich gesagt, dass ich manchmal Höhenangst habe?

Wir schafften es bis zum Gipfel. Wir waren allein am Kreuz. Der Wind stürmte wie blöd, warf uns fast um. Wir blieben nicht lange. Schauten einmal nach Osten zum Großvenediger, dann nach Norden, wo grünlich-bläulich die Ebene dämmerte. »O. k. Jetzt kannst du kommen, Frühling«, dachte ich.

Pulver!

Man könnte natürlich auch koksen, aber das soll auf Dauer der Nasenschleimhaut schaden, ist ziemlich teuer und bringt irgendwann Ärger mit dem Polizeipräsidium München. Was das halluzinogene Potenzial angeht, dürfte der Schnee unter den Skiern dem Schnee in der Nase ohnehin in nichts nachstehen: Glück feuert durch die Synapsen, die Sinne steigern sich und für einen Moment ist das Leben einfach und schön.

Das ahnten schon die braven Regisseure und Schauspieler, die in den 20er und 30er Jahren des letzten Jahrhunderts in Österreich und Deutschland die ersten Skifilme drehten. Arnold Fancks großer Skifilm von 1931 hieß: ›Der weiße Rausch‹.

Wie bei allen Drogen, ist es auch beim Pulverschnee schwierig, einem Nichtuser mit Worten die Freuden seines Genusses zu schildern. Wie groß diese sein müssen, lassen schon die Anstrengungen vermuten, welche die Abhängigen in Kauf nehmen, um zum Pulverschnee zu gelangen. Manche fliegen über den Atlantik zu den Rocky Mountains oder nach British Columbia, wo die Luft kalt und trocken und der Schnee pudrig ist. Andere mieten in der Schweiz und in Frankreich eigens Helikopter, die sie zu den richtigen Stellen bringen. Ich lehne Heli-Skiing aus

ökologischen und weltanschaulichen Gründen ab. – Schade eigentlich, Spaß würde es mir schon machen.

Auf den normalen Pisten findet man nur selten wirklichen Pulver. Den Versprechen in den Schneeberichten ist jedenfalls nicht zu trauen. Die Liftbetreiber melden jedes bisschen Neuschnee als Pulver, und wenn man dann ankommt, sind schon die Pistenraupen drübergerollt. Meist findet man nur ein paar pulvrige Hänge bei Varianten außerhalb der markierten Piste, auch diese sind schnell zerfahren. Nur jungfräulicher Pulver ist richtig guter Pulver.

Selbst fleißige Tourengeher können sich glücklich schätzen, wenn sie in einer Saison ein halbes Dutzend Mal auf perfekten Pulverschnee treffen, wenn überhaupt. Aber für diese wenigen Male nimmt man all die Abfahrten mit Eis, Bruchharsch oder Sulzschnee hin.

Meinen schönsten Pulver erlebte ich zusammen mit Jochen und Carola, als wir die Osterfeiertage auf der Winnebachseehütte verbrachten, einer kleinen, heimeligen Alpenvereinshütte im Sellrain in den Stubaier Alpen.

Wir waren schon am Gipfelhang vom Winnebacher Weißkogel (3182 Meter), als das Wetter immer schlechter wurde, Nebelfetzen flogen uns um die Ohren, wir befürchteten Sturm. Hastig machten wir uns auf den Rückweg zur Hütte, als plötzlich der Himmel wieder aufriss und die Sonne den Schnee blitzen ließ. Der Nebel verzog sich in die Senken zu unseren Füßen. Wir fühlten uns vom Wetter auf den Arm genommen.

»Jetzt machen wir einfach so noch eine Abfahrt«, schlug Jochen vor, der wie immer nur Jeans und eine verfilzte violette Fleecejacke trug. Wir bogen nach Osten, um über einen kleinen Umweg über einen Bergsattel die Hütte zu erreichen. Der Aufstieg war mühsam, weil eine Spur fehlte. Jochen und ich wechselten uns ab, Carola hatte bei manchen Spitzkehren Probleme, aber wir kamen hoch. Am Sattel setzten wir uns auf unsere Ski, aßen Schinkenbrote und tranken Tee.

Es war schon später Nachmittag, als wir abfuhren. Der Wind hatte ganz aufgehört zu blasen und die Sonne kam gerade hinter einem Felsvorsprung vor und beleuchtete den Hang zu unseren Füßen, den wir erst jetzt richtig wahrnahmen: Dick und glitzernd lag da feiner Pulverschnee, jeder Felsen war wattig umpolstert. Wir schauten uns an und fuhren gleichzeitig los. 300 Höhenmeter Pulver!

Das war keine sparsame Auflage auf harter Piste, sondern metertiefer Pulverschnee, trocken wie die Sahara und staubig wie Puderzucker. Da war kein harter Widerstand am Boden, der mit Kraft und Stahlkanten zu bezwingen war, sondern nur ein weiches Bett von Trillionen Schneekristallen, auf denen

unsere Bretter sanft dahinschnurrten und fast von alleine drei parallele Schlangenkurven hinterließen. Der Flow dauerte nur wenige Minuten, aber er sollte sich als einer der glücklichsten Momente dieses Jahres erweisen. Vorübergehend war ich dem Himmel ein Stückchen näher gekommen.

Frühlingstraum

Ich hatte beschlossen, dass Anfang Mai der Winter noch nicht beendet ist, der Winter war anderer Ansicht. Er hatte sich einfach verdrückt. Keine Flocke fiel vom Himmel, der Bach am Parkplatz plätscherte lieblich, schneefrei und hellgrün wippten die Äste der Bäume. Zwei Sonntagstouristen in Kniebundhosen mit dicken Bäuchen, blau-weiß-karierten Hemden und Filzhüten stiegen aus ihrem Auto aus und lachten. »Sucht's ihr den Schnee – oder was?«

Statt zu antworten, schepperte ich ein wenig mit Steigeisen und Karabinern und blickte mit ernster Miene zu den weißen Gipfeln hoch über dem Tal. Dann schnallten wir die Ski auf den Rucksack und marschierten los. Als die beiden Ausflügler aus unserem Blickfeld waren, blieb Andrea stehen und sagte:

»Wir hätten auch nach Paris fliegen können.«

»Da gibt's aber keine Berge.«

»Eben.«

Danach sagten wir eine Zeit lang nichts. Andrea schien schlechter Laune zu sein, denn sie grüßte noch nicht einmal das Murmeltier, das sich am Wegesrand auf einen Sonnenstuhl gelegt hatte und Zeitung las. »Waaas, jetzt noch Skifahren«, motzte das Pelztier und bleckte stolz seine viel zu langen Schneidezähne.

»Blödes Murmeltier«, dachte ich. »Pass bloß auf, dass dich keine Lawine erwischt.«

Wenig später kamen wir an einer Schneise im Wald vorbei, Bergkiefern lagen wie umgeknickte Streichhölzer am Hang, der schmelzende Rest einer Lawine versperrte den Weg.

»Hier gibt's Lawinen«, sagte Andrea.

»Nein«, sagte ich, »die sind schon unten!«

»Ich geh nicht weiter.«

»Oben in der Berghütte gibt es heute Abend ein Konzert mit französischen Chansons«, sagte ich und hoffte, dass ich mich nicht im Termin geirrt hatte. Außerdem pflückte ich ihr ein Edelweiß. Andrea blieb widerwillig. Erst als ich verriet, dass der Hüttenwirt ein exzellentes Käsefondue zubereitet, ließ sie sich überreden.

Bald hatten wir die Schneegrenze erreicht und konnten endlich auf Skiern weiter laufen. Es war ein federleichter Pulverschnee und wir mussten uns gar nicht anstrengen, um hochzukommen. Ehrlich gesagt, mir schien, als führen wir ganz automatisch den Berg hinauf.

Als ich mit der Hand zum Boden langte, um einen Schneeball zu formen, stellte ich fest, dass der Schnee aus Gänsedaunen bestand. Ich war verwirrt. Gänse? Hier?

Die Berghütte erreichten wir ohne weitere Zwischenfälle.

Das Käsefondue war sehr lecker. Das Konzert, na-ja. Der Hüttenwirt hatte gespart und eine dieser billigen Yeti-Bands aus Nepal engagiert. Aber die Yetis kriegen es bekanntlich nie hin mit dem französischen Akzent. Vor allem, wenn sie sich so ein Strohhütchen aufsetzen, hin- und herschwanken und »Doouuuuu-ce Frann-ce« singen, überzeugt das nicht wirklich. Andrea bog sich vor Lachen. »Da hätte ich ja selber singen können.«

Später wollten die Yetis dann ein Bier spendiert haben und fragten ständig, ob es diesen sagenhaften Reinhold Messner denn wirklich gäbe, angeblich hätten ihre Cousins irgendwo am Dhaulagiri (Nepal) einen wilden Messner gesehen. Was soll ich dazu sagen? Yetis sind einfach zu leichtgläubig.

Bevor sie uns weiter mit Fragen löchern konnten, krochen wir in unsere Betten. Als ich Andrea einen Gute-Nacht-Kuss gab, machte es dann plötzlich »Puff«, und ich wachte aus einem Traum auf: Wir lagen in einem Hotelbett mit feinen Daunenbetten, im Fenster sah man die Spitze von Sacré Coeur, Sonne fiel ins Zimmer und zweifellos hatte der Frühling begonnen.

Kleine Philosophie der Passionen

Zum Selberlesen und Verschenken – für alle,
die bereits einer Leidenschaft erlegen sind oder
ihre wahre Passion noch suchen

Hans Helmut Hillrichs
Pilze sammeln
dtv 20365

Roswin Finkenzeller
Schach
dtv 20218

Sky Nonhoff
Schallplatten
dtv 20417

Rainer Moritz
Schlager
dtv 20362

Sylvia Bieker
Christine Ellinghaus
Schuhe
dtv 20320

Dietrich Schwanitz
Angela Denzel
**Schweiz – Liebesprobe
jenseits der Baumgrenze**
dtv 20419

John von Düffel
Schwimmen
dtv 20321

Karl Forster
Segeln
dtv 20038

Michael Knopf
Spielen
dtv 20266

Christian Ude
Stadtradeln
dtv 20364

Franz Josef Görtz
Telefonieren
dtv 20319

Dieter Hildebrandt
Tennis
dtv 20264

Margaret Minker
**Umziehen, umräumen,
umbauen**
dtv 20099

Arnulf Conradi
Vögel
dtv 20098

Thomas Karlauf
Wein
dtv 20216